Um Jahr und Tag

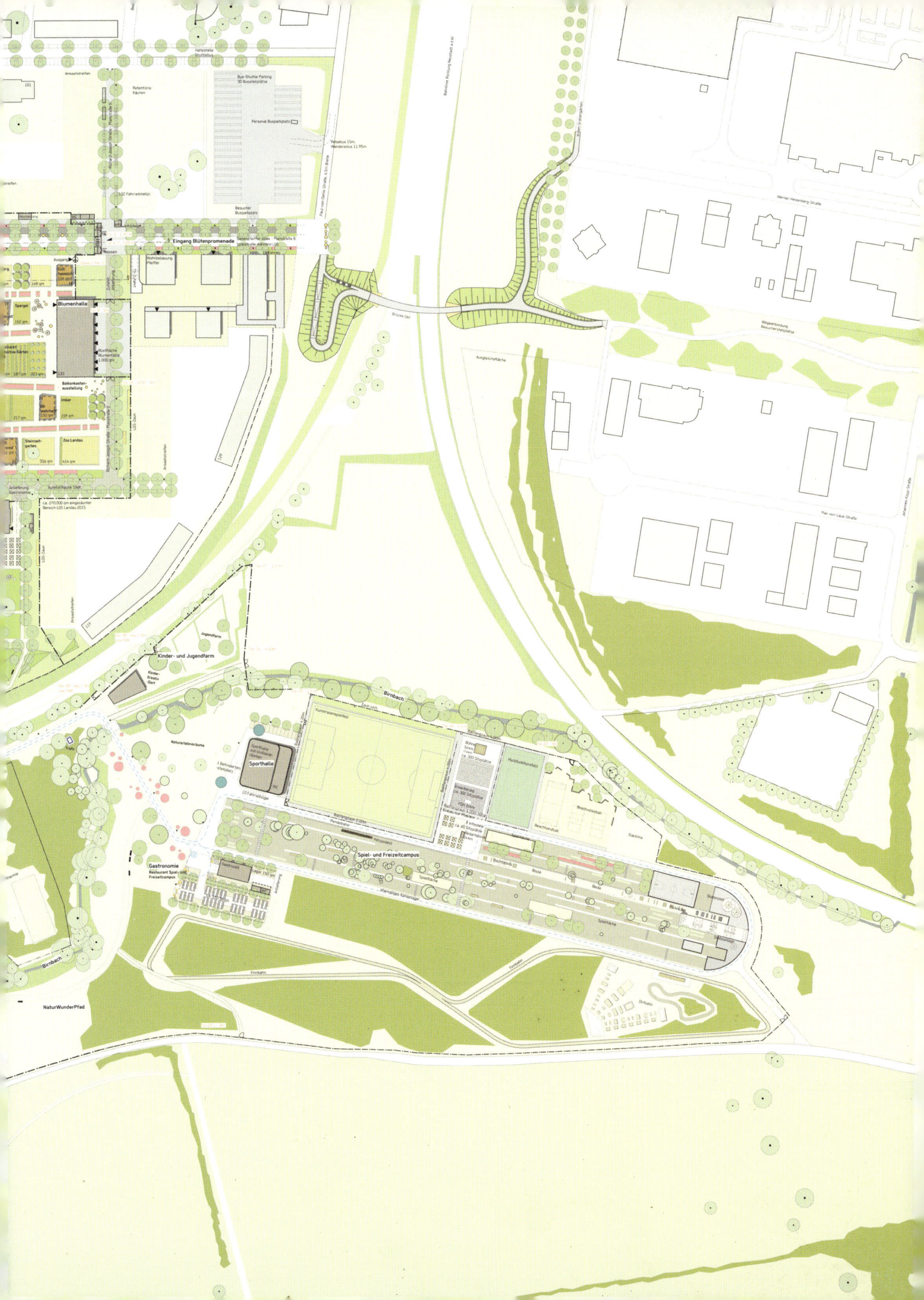

Bus-Shuttle Parking
30 Busstellplätze
Personal Busparkplatz
Eingang Blütenpromenade
Blumenhalle
Balkonkasten-ausstellung
Imker
Steinzeit-garten
Zoo Landau
Brücke Ost
Ausgleichsfläche
Werner-Heisenberg-Straße
Max-von-Laue-Straße
Jugendfarm
Kinder- und Jugendfarm
Birnbach
Naturerlebnisräume
Sporthalle
Beachvolleyball
Spiel- und Freizeitcampus
Boule
Gastronomie
Finnbahn
Dirtbahn
NaturWunderPfad

Um Jahr und Tag

Einblicke und Ausblicke zur Landesgartenschau in Landau 2015

Herausgegeben von Markus Knecht

KnechtVerlag

Die Drucklegung und Realisierung dieses Buches wurde finanziell unterstützt und dadurch erst ermöglicht von:

Stadt Landau

Karl Fix-Stiftung, Landau

Freundeskreis der Landesgartenschau Landau 2015 e.V.

Projektgesellschaft Landesgartenschau RLP mbH

Michelin Reifenwerke AG & Co. KGaA

Sparda-Bank Südwest eG

BAUHAUS AG

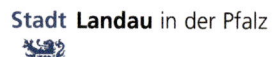

Mit Textbeiträgen von Matthias Schmauder (Geschäftsführer LGS gGmbG), Hans-Dieter Schlimmer (Oberbürgermeister der Stadt Landau), Thomas Hirsch (Bürgermeister der Stadt Landau), Christoph Kamplade (Bauamtsleiter Stadt Landau), Bernhard Eck (Geschäftsführer EWL), Roland Böse (MULEWF), Martin Thronberens, Karsten Neuhaus (LGS gGmbH), Werner Ollig (DLR), Isabelle Gemmer, Tanja Joschko, Grit Sandmann (Universität Koblenz-Landau), Sylvia Schmidt-Sercander (swb, Stadt Landau), Sabine Klein (Grünflächenamt, Stadt Landau), Frank Hetzer (Gästeführer), Johannes Muk (Bienenforscher, Bienendialoge)
Redaktionelle Bearbeitung Volker Homann, Markus Knecht
Visual und Logo der Landesgartenschau Landau 2015 von WORDWIDE
 Gesellschaft für Kommunikation mbH

Bibliografische Information der deutschen Bibliothek:
Die Deutsche Bibliothek verzeichnet diese Publikation
in der Deutschen Nationalbibliografie; detaillierte Daten
sind im Internet über http://dnb.d-nb.de abrufbar.

ISBN: 978-3-939427-28-5
© 2015 Knecht Verlag Landau
www.knechtverlag.de

Endredaktion: Volker Homann, Markus Knecht; Redaktionsende am 22.10.15
Gesamtleitung: Markus Knecht, Landau
Druck: Strauss GmbH, Mörlenbach

Inhaltsverzeichnis

Vorwort Hans-Dieter Schlimmer	8
Geleitwort Malu Dreyer	10
Die Idee zur Landesgartenschau in Landau	16
Spezialauftrag	22
Der Freundeskreis der Landesgartenschau Landau 2015 e.V	28
Das Landesgartenschaugelände – Übersicht	30
Der Wassergarten	34
Blütenpromenade und Wechselflore	36
Die Gartenkabinette	42
Das Steinzeithaus	55
Der SÜWEGA-Garten	56
Die Blumenhalle	58
Das Dahlienlabyrinth	78
Die Rose	88
Die Gärten der Pfalz	90
Friedhofskultur	97
Interkulturelle Kleingartenanlage	98
Kleingartenanlage	99
Sportanlagen	100
Das Engagement des Freundeskreises	102
Die Dahlienkönigin	85
Der Landauer Blumenkorso	86
Info-Point	102
Stadtverschönerungen	103
Unterwegs mit Gästeführer Frank Hetzer	104
Flankierende Maßnahmen (Grünflächenamt)	108
Sportgeräte	146
Wie das Gelände genutzt wurde	110
Himmelgrün	111
Pfalzmarkt	115
Essen und Trinken	116
Wissen über Natur, Umwelt und Garten erleben (MULEWF)	118
- Grünes Klassenzimmer	119
- Gartenakademie und Pflanzendoktoren	123
- Heimatwald	126
SWR „grünzeug"-Garten	128

Die Bilder:
Bärbel Kurz: Titel (4x), 8, 9, 18, 19, 30, 32, 33 (unten) , 34, 37 (oben), 38, 39 (unten), 40 (oben), 41, 42 (unten), 46, 54, 62 (unten), 63 (links), 64, 68, 69, 79 (oben), 80, 81 (unten rechts), 82 (links und unten rechts), 83 (links und oben rechts), 90, 91 (oben rechts), 98 (unten), 117 (oben), 136, 138, 139, 142 (Mitte rechts), 143 (unten links), 154 (unten), 155 (unten), 162 (unten), 163 (3x), 164 (4x), 165 (6x), 192, 193 (oben 2x), 195, 196, 197, 201 (unten rechts) --- **Jupp Linden:** Titel (4x), 2, 6, 21, 26, 27, 28, 29, 40 (links), 42 (oben), 43, 44, 45, 47, 48, 49, 50, 51, 52, 53, 54, 55, 58, 59, 60, 63 (oben und Mitte links), 65 (oben rechts und unten), 70, 71, 72, 73, 75, 76, 77, 78, 79 (unten), 81 (4x), 82 (oben rechts), 83 (unten links), 84 (unten rechts), 85 (unten), 86, 87 (oben rechts), 88, 89, 91 (3x), 93 (unten rechts), 97 (2x), 99 (unten), 100, 101, 102 (oben), 104, 109, 110 (oben), 112, 113 (oben und unten links), 117 (unten), 119 (Mitte), 120 (unten rechts), 121 (3x), 122, 124, 126 (oben), 128 (oben), 129 (oben rechts), 137, 141, 145 (oben), 158, 159, 160, 161, 166, 167 (3x), 168, 169, 170, 171, 172, 173, 174, 175, 176, 178, 179, 180, 181, 182, 183 (unten links und Mitte), 184 (un-ten), 185, 186, 187, 188, 189, 190, 191, 193 (2x), 194 (unten 2x), 198, 199 (unten), 200, 202 unten, 203, 204 (oben), 205, 206 (unten), 208, --- **Staatskanzlei Rheinland-Pfalz:** Elisa Biscotti: 11, Reiner Voss: 12, 14 --- **Ministerium für Umwelt, Landwirtschaft, Ernährung, Weinbau und Forsten:** 13, 119 (oben) --- **Stadt Landau:** 20, 23, 24, 108 (unten), 146 (unten), 147 (unten), 149 (Mitte und unten 2x), 151 (2x), 152, Till Göggelmann: 150, Scheuvens+Wachten: 20, 21, Norman P. Krauß: 22, 23, 25, Britta Scherfer: 146 (oben), 147 (oben), 148 (2x), 149 (oben) --- **Landesgartenschau gGmbH:** Vorsatz, 31, 57, 65 (oben links), 93 (unten), 140 (unten), 177 --- **Frank Hetzer:** 29, 33 (oben), 102 (unten), 103, 106, 107, 108 --- **Werner Ollig:** 31 (oben), 36, 40 (unten), 74 (oben und unten links), 116, 118, 120 (2x), 121 (oben rechts), 123 (2x), 124 (unten rechts), 125 (3x), 127 (links 2x), 128 (oben), 129 (oben links und unten), 131, 142 (unten 2x und oben rechts) --- **Roland Minges:** 16, 18, 19 --- **Ralf Mohra:** 17, 100 --- **Siegfried Weiter:** 126 (unten), 127 (unten) --- **Universität Kolenz-Landau:** 130 (2x), 132, 133, 134, 135 --- **Michelin Reifenwerke AG:** 144 (2x) --- **Dagmar Flörchinger, Kinder und Jugendfarm:** 154 (oben), 155 (oben), 156 (2x), 157 (3x) --- **Interkultureller Kleingarten:** 89 (2x) --- **Michael Heinrich:** 111 --- **Sabine Günther:** 123 (unten) --- **Gabi Heim, Chorverband Pfalz:** 162 (2x), 163 (oben) --- **Knecht Verlag:** 13, 23, 36 (unten), 39 (unten), 60, 62, 63, 74 (rechts), 84 (links 2x), 85, 87 (unten 2x), 89 oben (2x), 92, 93 (2x), 94, 95, 96, 99 (oben), 105, 110, 113 (unten recht), 114 (2x), 119 (unten), 124 (unten links), 140 (oben), 143, 145 (unten), 153, 167 (Mitte und unten rechts), 183 (oben rechts), 184 (oben rechts), 194 (oben), 198, 199 (oben), 201 (2x), 202, 204 (unten), 206 (oben), Nachsatz.

Universität Koblenz-Landau: Wir zeigen Profil	130
Kunst auf der Gartenschau	137
BAUHAUS	140
Gärtnermarkt	142
Souvenirshop	143
Nachhaltig handeln – global und regional	144
stadt.weiter.bauen	146
Landau packt aus	153
Die Kinder- und Jugendfarm in Landau	154

So feierte Landau!

SWR Sommer-Show	158
Medienpartner SWR	161
Dicke Kinder	166, 182
Lichtershow	167
Münchener Freiheit	168
Sparkassenbühne	169
Stadtkapelle Landau	170
ABBA, Unforgettable	171
Elaiza	172
Fishermans Friends	174
TARAF Bukarest	175
Klinikum St. Anna	176
Carmina Burana	178
SWR 4 Schlagernacht	180
RegionaleAmateurTheater	183
Annette Postel	186
Dorfdisco Projekt	187
Tag der Retter	188
Tag der Polizei	189
Spiel, Sport Freizeit	191
Tag des Sports	195
Tony Marshall	198
Ruanda-Tag	199
Simon & Garfunkel Revival Band	202
VR Kultur in der Vinothek Par Terre	201
GenießerLeuchten	203
Abschlusstag	205
Matthias Schmauder	173
Karin Bommersheim	191
Das LGS-Team	206
Impressum, Bildnachweis	4, 6

Vorwort von Hans-Dieter Schlimmer

Liebe Landauerinnen und Landauer,
sehr geehrte Besucherinnen und Besucher unserer Landesgartenschau aus der Region, verehrte Leserschaft,

eine Frage war insbesondere in den letzten Wochen unüberhörbar: Unsere Landesgartenschau war so schön, was machen wir im nächsten Jahr? Ich frage mich das ja selbst auch, denn: Es waren 185 fantastische Tage. Jeder einzelne ein Gewinn für unsere Stadt. Unsere Landesgartenschau, ein Jahrhundertereignis!

Das war sie tatsächlich. Und, auch daran darf an dieser Stelle erinnert werden, wir haben es uns hart erarbeitet. Als ich Ende des Jahres 2008 endlich die Unterschrift zum Kauf des 35 Hektar großen Kasernenareals setzen konnte, befand es sich in einem mehr als traurigen Zustand. Es war schlicht heruntergekommen. Dass Landesgartenschauen, wenn sie gut konzipiert sind, mehr als nur eine Perspektive für die gastgebende Stadt schaffen, lässt sich am Landauer Beispiel bestens belegen. In nur wenigen Jahren wurden für uns Visionen wahr. Eine triste Militärbrache verwandelten wir in ein traumhaftes Gartenschaugelände, das die zukünftige Nutzung als neues und qualitätsvolles Stadtviertel bereits mehr als erahnen lässt. Der Durchbruch an der Friedrich-Ebert-Straße, der sich anschließende Theodor-Heuss-Platz, der großzügige Park, das Schulze-Delitzsch-Carrée, Weinkontor und Vinothek, der Turm, vor allem der Sport- und Freizeitcampus im Süden und und und. Wie sehr haben Cornichon- und Friedrich-Ebert-Straße ihr Gesicht gewandelt. Wer erinnert sich noch an unseren Hauptbahnhof, den Vorplatz, Busbahnhof wie er sich früher präsentierte? Vergessen, mit Recht.

Vergessen auch die zu bewältigenden Herausforderungen: Die „kreative" Begleitung des Landesrechnungshofes, Bombenfunde und Erdanhebungen.

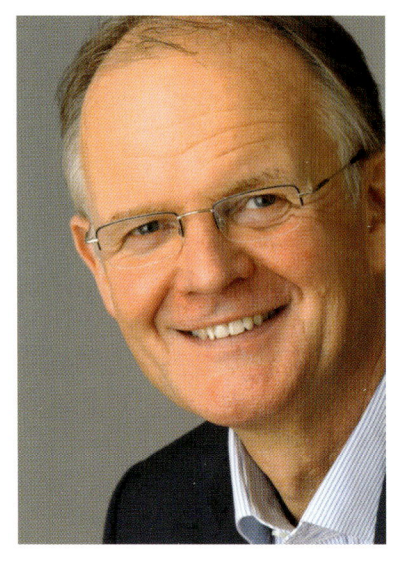

Bei ihm liefen alle Fäden zusammen: Oberbürgermeister Hans-Dieter Schlimmer hat die Landesgartenschau über manche Hindernisse hinweg zum Erfolg geführt.

Wir haben das alles geschafft. Augenzwinkernd möchte ich sagen, „wir können": Ein Großprojekt schultern, den 35 Millionen Kostenrahmen einhalten, eine grandiose Schau über 185 Tage bieten.

Ja, diese 185 Tage. Sie werden nicht nur mir in dauerhafter Erinnerung bleiben. Die wunderbare und so vielgestaltige Präsentation der Blumen- und Pflanzenwelt, wahre Farbenräusche überwältigten uns, der wiederauferstandene Blumenkorso, poetische Veranstaltungen wie „Licht im Park", die Carmina Burana unseres Musikvereins gemeinsam mit den Hagenauer Freunden, traumhafte Konzerte mit Festivalatmosphäre, Musik und Wein beim Par Terre, das Genießerleuchten und zum Abschied eine grandiose Lasershow und einem unvergesslichen Feuerwerk.

Ich müsste mehr erwähnen, viel mehr! In lebendiger Erinnerung bleiben mir die Begegnungen mit unzähligen glücklichen Menschen, ihre besondere Stimmung, die begeistert, ja, und ich sage es bewusst, geradezu beseelt war.

Es hat sich gelohnt, für uns alle. Landau ist erfolgreich, wir wachsen, wir meistern unsere Aufgaben. Die Landesgartenschau 2015 in Landau war ein wesentlicher Baustein im Zukunftskonzept unserer Stadt.

Ich möchte allen, wirklich allen, die zu diesem Erfolg für unsere Stadt Landau beigetragen haben, von Herzen danken. Ich danke dem Land Rheinland-Pfalz und Frau Ministerpräsidentin Malu Dreyer für das Vertrauen in unsere Stadt; stellvertretend Matthias Schmauder und seinem Team unserer LGS gGmbH, den Mitarbeiterinnen und Mitarbeitern meiner Stadtverwaltung, unserem Freundeskreis und allen ehrenamtlich Mitwirkenden.

Markus Knecht danke ich für seine Initiative zu diesem Buch und seinen verlegerischen Mut; gedankt sei den Autoren und insbesondere den Fotografen. Sie rufen mit ihren Aufnahmen auch in vielen Jahren noch die Erinnerung an „unsere Landesgartenschau 2015" zurück.

Die Eingangsfrage bleibt: Was tun wir „Gartenschauinfizierten" im nächsten Jahr? Da baue ich ganz auf den bürgerschaftlichen Geist meiner Heimatstadt: Menschen, die aktiv werden, um die Park-, Garten-, Sport- und Freizeitanlagen auch zukünftig mit Leben zu füllen. Keine Landesgartenschau im großen Stil mehr, aber Veranstaltungen im Park beispielsweise, die in uns wach halten, was wir sind: Eine jung gebliebene, lebendige Stadt, in der es sich zu leben lohnt.

Herzlichst!
Ihr

Hans-Dieter Schlimmer
Oberbürgermeister der Stadt Landau in der Pfalz

Ein großartiges Ereignis mit langfristiger Wirkung

In Rheinland-Pfalz fanden seit dem Jahr 2000 vier Landesgartenschauen statt, die ihre nachhaltigen Spuren in Kaiserslautern (2000), Trier (2004), Bingen (2008) und zuletzt in Landau hinterlassen haben. Nicht fehlen darf bei dieser Aufzählung die erste rheinland-pfälzische Bundesgartenschau in Koblenz (2011). Überall dort wurden strukturelle und wirtschaftliche Entwicklungen angestoßen, die weit in die Zukunft reichen.

Die rheinland-pfälzische Landesregierung setzt Landesgartenschauen als strukturell wirksamen Baustein für eine zukunftsfähige Regional- und Stadtentwicklung ein. Ziel ist es, eine nachhaltige Entwicklung so genannter harter und weicher Standortfaktoren zu initiieren und damit dauerhafte Impulse für Wirtschaft, Stadt- und Regionalentwicklung, Verkehrsinfrastruktur, Grünflächen- und Freiraumkonzepten sowie für den Tourismus zu geben. Städte und Regionen sollen aufgewertet und damit Arbeitsplätze gesichert und geschaffen ebenso wie die Lebens- und Wohnqualität der Bürger und Bürgerinnen verbessert werden.

Landesgartenschauen sind ein geeignetes Instrument, um städtische Räume und Regionen im Zusammenhang mit konversionsbedingten, städtebaulichen und freiraumplanerischen Herausforderungen zukunftsfähig zu entwickeln. Dem Land sind diese Investitionen in die Zukunft seiner Städte und Regionen wichtig. Es fördert deshalb die Ausrichterstädte aus den oben aufgezählten verschiedenen Politikbereichen. Der Stadt Landau hat das Land für investive Maßnahmen Mittel in Höhe von 27 Millionen Euro zur Verfügung gestellt. Landau selbst hat sich mit acht Millionen Euro daran beteiligt.

Das Landesgartenschau-Konzept „wächst" weiter und greift damit Themen auf, die unsere Gesellschaft in den kommenden Jahren beschäftigen werden. So wurde die inhaltliche Zielsetzung für die nächste Landesgartenschau im Jahr 2022 aktualisiert. Insbesondere soll die Landesgartenschau stärker als bisher eingesetzt werden, um neue Wege einer nachhaltigen städtischen und ländlichen Entwicklung modellhaft zu erproben. Neben der bisherigen Zielsetzung soll den demografischen und klimawandelbezogenen Herausforderungen deutlich Rechnung getragen werden. Ebenfalls von zentraler Bedeutung ist eine Gesamtplanung, die den Anforderungen der Inklusion und der Barrierefreiheit gerecht wird und Angebote für generationenübergreifende Wohn- und Lebensformen bietet.

Neben ihrer nachhaltigen Wirkung sind Landesgartenschauen natürlich wunderbare Gartenfeste, die mit ihren prachtvollen Blumenbeeten die große Palette an pflanzlichen Farben und Formen zeigen und mit herausragenden Themengärten die Kreativität und Vielfalt der Gartengestaltung und der Gartenkunst präsentieren. Landesgartenschauen sind außerdem eine hervorragende Plattform, um sowohl gärtnerisches Fachwissen als auch das weite Spektrum der Umweltbildung einem breiten Publikum zu vermitteln.

Nachnutzung von zentraler Bedeutung

Als weiche Standortfaktoren werden vorhandene Grünflächen gesichert und neue Park-, Sport-, Spiel- und Erholungsräume geschaffen. Ziel ist die nachhaltige Erhöhung der Attraktivität und des überregionalen Bekanntheitsgrades einer Region. Dies trägt zur Schaffung eines positiven Investitionsklimas bei und führt – siehe Landau – zu einer veritablen Aufbruchsstimmung bei privaten Investoren. Es entsteht eine Dynamik, die genutzt und fortentwickelt sein will. Zur Verwirklichung dieser Ziele ist vor allem das Nachnutzungskonzept von entscheidender Bedeutung. Die Landesregierung gibt dazu den finanziellen und ideellen Anstoß.

In jeder Stadt und Region lassen sich im Lauf ihrer Geschichte Entwicklungsstränge erkennen. Diese hängen stark von veränderten Funktionen, schwankenden Einwohnerzahlen, wirtschaftlichen Entwicklungen sowie politischen Einflüssen oder auch von gravierenden Ereignissen wie Kriegen oder Naturkatastrophen ab. Derartige Einflüsse fordern eine ständige Anpassung der Stadt an die veränderte Situation. Entsprechende Umstrukturierungen werden meist über Jahre hinweg geplant und können aufgrund fehlender finanzieller Mittel oft nur bruchstückhaft realisiert werden.

Für Kommunen ist das Instrument „Landesgartenschau" deshalb so besonders wirksam, weil nicht nur punktuell und sukzessive Fördermaßnahmen umgesetzt werden, sondern Sanierung und Weiterentwicklung sowohl im inhaltlichen als auch zeitlichen Zusammenhang erfolgen. Durch dieses integrierte Vorgehen lassen sich die Ziele nachhaltig und effizient umsetzen. Das wesentliche Merkmal dieses Förderinstrumentes ist also die Zusammenführung und Konzentration von Maßnahmen aus verschiedenen Themen- und Politikbereichen zu einem bestimmten Zeitpunkt. Grundlage ist eine ganzheitliche Vorgehensweise bei der Entwicklung und Umsetzung von Konzepten nach der Devise: „Das Ganze ist mehr als die Summe seiner Teile".

Stärkung im Wettbewerb um Unternehmen und Familien

Im zunehmenden europäischen Wettbewerb der Regionen sehen sich Kommunen innerhalb eines Lebens- und Wirtschaftsraumes vor die Herausforderung gestellt, spezifische und attraktive Standortfaktoren zu entwickeln und zu bewerben.

Insbesondere die weichen Standortfaktoren – auch wenn sie nicht oder kaum quantifizierbar und in ihrer Auswirkung auf Standortentscheidungen schwieriger einzuordnen sind – treten zunehmend bei der Standortwahl für Unternehmen oder bei der Wohnortwahl von Familien in Erscheinung. Oftmals sind bei vergleichbaren bzw. gleichwerti-

Ministerpräsidentin Malu Dreyer, seit 2013 im Amt, begleitete die Veranstaltungen der Landesgartenschau sehr engagiert und war recht oft zu Gast in Landau auf dem Landesgartenschaugelände.

gen harten Standortfaktoren die weichen Standortfaktoren für eine Verlagerungs- oder Bleibe-Entscheidung ausschlaggebend. Mit dem Verbundprojekt Landesgartenschau werden neben der städtebaulichen und verkehrsinfrastrukturellen Entwicklung gerade auch die grünordnungs- und freiraumplanerischen Elemente als Bestandteil der weichen Standortfaktoren hervorgehoben.

Landesgartenschauen in Rheinland-Pfalz lassen sich aus zwei Perspektiven betrachten: Sie können – wie auf dem Trierer Petrisberg oder dem neuen Landauer Stadtquartier – Impulsgeber für innovative Projekte im Rahmen der Standortentwicklung mit einem städtebaulichen Schwerpunkt sein. Oder der Schwerpunkt liegt auf der touristischen „Inwertsetzung" und Nutzung – wie in Kaiserslautern im Herzen der Westpfalz und in Bingen am Eingang zum Oberen Mittelrheintal. Eine Landesgartenschau ist zudem eine herausragende Plattform für die Darstellung landschaftsplanerischer und gartenbaulicher Leistungen.

Leuchtturmprojekte mit enormer Zugkraft

Landesgartenschauen sind Leuchtturmprojekte mit enormer Zugkraft. Mit der Bündelung von Investitionsmitteln des Landes und der Stadt werden gleichzeitig auch andere Prozesse beschleunigt und unterstützt, wie beispielsweise lange ausstehende Entscheidungen über die Neuordnung von Flächen oder Eigentumsverhältnissen. Auch das Medieninteresse fokussiert sich auf dieses Ereignis und ermöglicht der Kommune – vom Zuschlag als Landesgartenschau-Stadt bis zum Abschluss der Veranstaltung – somit eine stetige Präsenz und Selbstvermarktung.

Der Zuschlag für die Durchführung einer Landesgartenschau ist daher bei den Kommunen sehr begehrt. Um die Fördermittel so effizient und nutzbringend wie möglich zu investieren, schreibt das Land ein landesweites, ergebnisoffenes und fachlich begleitetes Bewerbungsverfahren auf der Basis von Leitlinien aus. Insbesondere das Nachnutzungskonzept für den sanierten Standort ist hierbei von Interesse. Über die tatsächliche Wirkung der eingesetzten Mittel und deren eigendynamische und selbstständige Entwicklung lässt sich allerdings erst nach Jahren belastbar Bilanz ziehen.

Landau – grünes Stadtquartier als Verbindung zwischen Stadt und Natur

Die Stadt Landau war nicht zum ersten Mal Ausrichter einer Gartenschau: Schon im Jahr 1949 wurde dort die Südwestdeutsche Gartenschau (SÜWEGA) als erste Gartenschau mit überregionaler Wirkung nach dem Zweiten Weltkrieg in Deutschland veranstaltet. Sie war für die Region ein wichtiger Schritt zur dauerhaften Bewältigung der Nachkriegszeit. Die SÜWEGA gilt auch als Vorläufer der ab 1951 im Zweijahresturnus veranstalteten Bundesgartenschauen. Handel und Wirtschaft profitierten damals ebenso von der Großveranstaltung wie auch der Bekanntheitsgrad Landaus als Wein- und Gartenstadt.

66 Jahre danach hat Landau in der Zeit vom 17. April bis zum 18. Oktober 2015 nun erneut seine Pforten für die vierte rheinland-pfälzische Landesgartenschau geöffnet. Auch hier gibt es noch einen Bezug zur Nachkriegszeit, denn das Landesgartenschaugelände liegt im Konversionsgebiet der Stadt Landau und ist mit der rund 24 Hektar großen ehemaligen Kasernenanlage „Estienne-Foch" der letzte Baustein der Konversion nach dem Abzug der französischen Streitkräfte. Als diese die Stadt im Jahr 1999 verließen, wurden 36 Gebäudekomplexe und mehr als 300 Hektar Land einem Konversionsprogramm unterstellt.

Konversions- und Gartenschaumaßnahmen wurden konzeptionell und zeitlich parallel realisiert und gaben somit der Entwicklung des neuen Stadtquartiers enormen Vorschub. Ziel war es, neben der Entwicklung eines neuen Wohn-, Arbeits- und Freizeitareals („Wohnpark am Ebenberg" und der Sport- und Freizeitcampus) gleichzeitig eine Verzahnung dieser Fläche mit angrenzenden Gebieten – sowohl mit dem nördlich gelegen Stadtgebiet als auch den südlich angrenzenden ge-

Mit den Gartenscheren bei der Eröffnung der Landesgartenschau in Landau 2015, von links nach rechts:: Karin Bommersheim, Umweltministerin Ulrike Höfken, Matthias Schmauder, Ministerpräsidentin Malu Dreyer, Oberbürgermeister Hans-Dieter Schlimmer und Dahlienkönigin Magdalena Rehm.

schützten Landschaftsräumen – herzustellen und dieses sowohl in die Stadt zu integrieren als auch die Kompaktheit der Stadt zu erhalten.

Für 1 500 Menschen werden hier 900 Wohnungen errichtet und für 300 Menschen werden hier Arbeitsplätze geschaffen. Heute bereits freuen sich Fußgänger und Radfahrer über die bessere Anbindung im Süden der Stadt durch eine neue Brücke. Der Umstieg auf die Bahn wird mit dem Bahnhaltepunkt Landau Süd erleichtert. Das Gelände rundet Landaus Südstadt mit seinem attraktiven Wohnquartier und urbanen Freiräumen sowie seinen naturnahen Flächen zum Naturschutzgebiet „Ebenberg" ab und lädt die Landauer und Landauerinnen ein, ihre Südstadt neu kennen zu lernen.

Besondere Herausforderungen

Die Bau- und Entwicklungsphase der Landauer Landesgartenschau war von einer Vielzahl von Ereignissen und Herausforderungen gekennzeichnet, die in dieser Dichte noch bei keiner rheinland-pfälzischen Gartenschau von den Verantwortlichen in Stadt und Land zu bewältigen waren. Dank des engagierten Einsatzes der Stadt Landau, der Landesgartenschau Landau 2015 gGmbH und des Landes konnten diese Hürden gemeistert und das Projekt „Landesgartenschau" rechtzeitig fertiggestellt werden.

Die prägnanteste Entscheidung, die die Stadt Landau in Abstimmung mit der Landesregierung im Jahr 2013 treffen musste, war sicherlich dieje-

öffentlichen politischen und medialen Diskussion, die das bislang außerordentlich positive Image des Projektes Landesgartenschau zwar zeitweise eintrübten, jedoch spätestens mit Eröffnung der Landauer Gartenschau verstummten.

Rheinland-Pfalz entdecken – Das Land präsentiert sich auf der Landesgartenschau

Das Land hat sich in Landau erstmals auf einer Landesgartenschau mit einer sehenswerten und kreativen Ausstellung präsentiert. Die Besucher und Besucherinnen der Landesgartenschau konnten auf Entdeckungsreise durch Rheinland-Pfalz gehen. Die Ausstellung hat Rheinland-Pfalz in vielfältiger und ungewöhnlicher Form präsentiert: Selbsterklärende Module führten die Besucher und Besucherinnen in sechs Bildern „weltoffen und vielfältig", „innovativ", „nachhaltig und sozial", „kreativ", „couragiert" und „schön" durch das Land und luden ein, sich selbst ein Bild zu machen und sich interaktiv mit Hilfe verschiedener Medien zu informieren. Die Ausstellungsbesucher und -besucherinnen konnten sich quer durch die Landkarte vom Nationalpark-Hunsrück-Hochwald bis ins Mittelrheintal bewegen oder durch die Landesgeschichte reisen. Sie haben eine vertraute Welt

nige zur Verschiebung der Landesgartenschau um ein Jahr infolge der Kampfmittelfunde auf dem Gelände. Die Landesregierung hat sich an den Kosten der Verschiebung und der Kampfmittelsondierung und -räumung in umfangreicher Weise beteiligt.

Die Prüfungen des Landesrechnungshofes Rheinland-Pfalz der Landesgartenschauen Trier und Bingen sowie begleitend und präventiv auch der Landesgartenschau in Landau führten zu einer

gefunden, in der es dennoch viel zu entdecken gibt. Gezeigt wurde auch eine bunte Mischung von „großen", die Gesellschaft umwälzenden Innovationen und „kleinen" Erfindungen für den Alltag. Auch ein Ausblick auf die kommenden Jahrzehnte hat nicht gefehlt: „Wie wollen wir in Zukunft leben?" hat die Ausstellung gefragt und Zukunftsprojekte vorgestellt.

Die Ausstellung war für Menschen mit Behinderungen barrierefrei zugänglich und mit ihren vielfältigen Informationen und Angeboten erlebbar. Die Ausstellung hat ein taktiles Leitsystem, Audioausgaben, Videos in Gebärdensprache oder auch Texte in leichter Sprache angeboten.

Fazit und Dank

185 Tage liegen hinter uns, in denen die Landesgartenschau zum Schaufenster für die Region und ganz Rheinland-Pfalz wurde.

Die prachtvollen Gartenanlagen und das abwechslungsreiche Programm der Hallenschauen, die Gärtner und Gärtnerinnen, Garten- und Landschaftsbauer und -bauerinnen, die Vertreter und Vertreterinnen aus der Landwirtschaft, Planer und Organisatoren erschaffen haben, sind beeindruckend. Mit dieser Leistungsschau stellen sie sich selbst ein hervorragendes Zeugnis aus.

Die dargebotene Vielfalt und Qualität hat sich auch im Programm mit seinen mehr als 2000 Veranstaltungen und einem umfangreichen Informationsangebot widergespiegelt, das den Besuchern und Besucherinnen im vergangenen halben Jahr geboten wurde. Hier gilt mein Dank allen Akteuren und Akteurinnen aus vielen Bereichen wie dem Gartenbau, dem Forst und dem Naturschutz bis hin zur Kultur, Sport, Jugend und Soziales aus Ehrenamt, Verbänden, Wirtschaft und Verwaltung.

Nicht vergessen werden darf das Engagement der vielen ehrenamtlich Tätigen. Ohne sie wäre diese Vielfalt des Programms nicht möglich gewesen und wichtige Angebote hätten gefehlt. Die ehrenamtliche Arbeit hat zum Gelingen der Gartenschau maßgeblich beigetragen. Allen Ehrenamtlichen danke ich für ihr Engagement ganz herzlich.

Kommunen, die sich für eine Bewerbung um eine Landesgartenschau entscheiden, wollen die strukturelle Entwicklung vor Ort vorantreiben. Sie möchten langfristig die wirtschaftliche und soziale Situation der Menschen in ihrer Region verbessern und Perspektiven bieten. Das ist eine große Herausforderung und bedeutet manche schlaflose Nacht. Das war in Kaiserslautern, Trier und Bingen der Fall. Auch in Landau waren die Herausforderungen gewaltig. Ich danke allen Beteiligten in der Stadt und im Land, der Projektgesellschaft Landesgartenschau mbH und in den Unternehmen herzlich dafür, dass sie mit vollem Einsatz konstruktiv an Lösungen gearbeitet und auch die Verschiebung um ein Jahr mitgetragen haben.

Die Erwartungen an die Zahl der Besucher und Besucherinnen und der damit verknüpfte direkte wirtschaftliche Ertrag im touristischen und gastronomischen Sektor sowie im Einzelhandel konnte sogar deutlich übertroffen werden. Und auch die nachhaltigen wirtschaftlichen Effekte der Landesgartenschau zeigen sich bereits in beeindruckenden Zahlen: Einer vorläufigen Zusammenstellung öffentlicher und privater Folgeinvestitionen zufolge konnten bereits ca. 180 Mio. Euro generiert werden.

Wichtig zu erwähnen sind auch die Effekte für das Image und den Bekanntheitsgrad der Stadt. Sie sind unmittelbar nach Abschluss der Landesgartenschau noch schwierig zu bemessen. Deren Auswirkungen werden in den kommenden Jahren jedoch spürbar werden, davon bin ich überzeugt!

Die Arbeit hat sich also mehr als gelohnt. Die Bürger und Bürgerinnen Landaus und der Region werden noch weit in die Zukunft hinein von der Landesgartenschau 2015 profitieren!

Malu Dreyer
Ministerpräsidentin von Rheinland-Pfalz

Die Idee zur Landesgartenschau in Landau

Mit den weltpolitischen Veränderungen vor 25 Jahren und dem Abzug der französischen Streitkräfte in den 1990er Jahren zeichneten sich grundlegende entwicklungspolitische und städtebauliche Veränderungen in Landau ab. Die Verantwortlichen im Rat und in der Verwaltung der Stadt Landau reagierten frühzeitig und diskutierten bereits zu dieser Zeit, wie man die Konversion, also die Umwandlung von rund 100 Hektar frei werdender bebauter Fläche und 230 Hektar Freiraum von der militärischen Nutzung in eine zivile Folgenutzung, gestalten könnte. Bereits damals wurde festgelegt, dass sich der Süden und Südwesten der Stadt wohnbaulich entwickeln werden („Wohnpark Am Ebenberg", „Quartier Vauban", Lazarettgarten, etc.) und im Südosten der Stadt in der Nähe zur Autobahn ein Gewerbestandort entstehen soll, der heutige „Gewerbepark Am Messegelände". In der zeitlichen Abfolge sollte die ehemalige Kaserne „Estienne et Foch", der heutige „Wohnpark Am Ebenberg" den Abschluss der Konversion bilden.

Fast 10 Jahre verhandelte die Stadt mit der Bundesvermögensverwaltung über den Erwerb der Flächen. Ende 2008 gelang dann der Durchbruch und die Stadt konnte mit Hilfe eines Treuhänders und Entwicklungsträgers die gesamte Kaserne „Estienne et Foch" und große Teile der südlich angrenzenden Flächen (u.a. Teile des ehemaligen Kohlelagers) erwerben.

In dieser für die Stadtentwicklung Landaus „historischen Stunde" fiel der Aufruf der Landesregierung an die Städte und Gemeinden in Rheinland-Pfalz, sich für die Ausrichtung der Landesgartenschau 2014 zu bewerben. Mit dem Instrument Landesgartenschau sollten nach den Vorstellungen der Landesregierung strukturell wirksame Bausteine einer aktiven Regional- und Wirtschaftspolitik konzipiert werden und dabei die Erfordernisse der Stadtentwicklung und des Städtebaus, der Verkehrsinfrastruktur, der Grünordnung und des Naturschutzes sowie der Wohn- und Lebensqualität der Bürger berücksichtigt werden. Wesentliches Merkmal des damaligen Aufrufs war die zeitliche und finanzielle Bündelung der Maßnahmen, was in Landau als große Chance für die Konversion im Süden der Stadt und die gesamte Stadtentwicklung erkannt wurde.

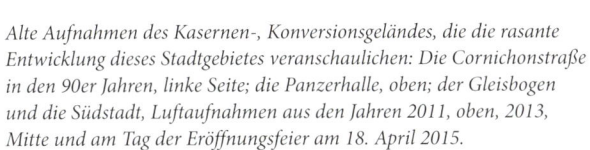

Alte Aufnahmen des Kasernen-, Konversionsgeländes, die die rasante Entwicklung dieses Stadtgebietes veranschaulichen: Die Cornichonstraße in den 90er Jahren, linke Seite; die Panzerhalle, oben; der Gleisbogen und die Südstadt, Luftaufnahmen aus den Jahren 2011, oben, 2013, Mitte und am Tag der Eröffnungsfeier am 18. April 2015.

Anfang 2009 beauftragte der Stadtrat die Verwaltung, die Machbarkeit einer Landesgartenschau auf dem ehemaligen Kasernengelände „Estienne et Foch" zu prüfen und stellte hierfür Finanzmittel in Höhe von rund 100 000 Euro zur Verfügung. Eine eigens für die Bewerbung im Stadtbauamt installierte „Arbeitsgruppe Landesgartenschau" erarbeitete in den Folgemonaten mit Unterstützung des Landschaftsarchitekturbüros Stötzer aus Freiburg i. Br. und unter Einbindung einer breiten Öffentlichkeit eine Machbarkeitsstudie, die schließlich am 10. November 2009 vom Stadtrat beschlossen wurde und als Bewerbung um die Ausrichtung der vierten rheinland-pfälzischen Landesgartenschau der Landesregierung vorgelegt wurde. Neben der Stadt Landau war die Stadt Saarburg einzige weitere Bewerberstadt. Der Ministerrat erteilte der Stadt Landau am 11. Mai 2010 den Zuschlag – einen Tag, nach dem auf dem Gelände die erste Bombe aus dem Zweiten Weltkrieg gefunden wurde. Welche Auswirkungen dieser Fund später für die Landesgartenschau haben sollte, ahnte damals noch niemand.

Mit entscheidend für den Zuschlag waren neben der Flächenverfügbarkeit die überzeugende

Konversionsstrategie der Stadt Landau und ein schlüssiges Stadtentwicklungskonzept für Landaus Süden. Die Umsetzung sollte mit Hilfe der Landesgartenschau als Entwicklungsmotor schneller und hochwertiger erfolgen, die „Jahrhundertaufgabe Konversion" zu einem krönenden Abschluss geführt werden. Wie in der Bewerbung überzeugend ausgeführt, sollten „ehemalige militärische Tabuzonen zu einem vitalen Ort städtischen Lebens werden; wo früher Soldaten schwitzend exerzierten, sollten in Zukunft Kinder in familienfreundlichen Wohnbereichen inmitten liebevoll gestalteter Gärten und Parks spielen". Eine besondere Herausforderung bestand darin, die Entwicklung einer Fläche anzustoßen, die abseits großer Verkehrsstraßen lag und nicht im Bewusstsein der Öffentlichkeit stand. Mit der Landesgartenschau nutzte die Stadt Landau die Chance, den öffentlichen Fokus auf dieses Gelände zu richten und damit eine überaus positive städtebauliche Entwicklung anzustoßen.

Dass während der Veranstaltung bereits Menschen auf der Landesgartenschau lebten, war so nicht von Anfang an geplant. Der „Bombensommer 2013", der Fund von mehreren Bomben aus dem Zweiten Weltkrieg innerhalb weniger Monate, führte zu dem Entschluss, die eigentlich für das Jahr 2014 geplante Landesgartenschau um ein Jahr zu verschieben. Große Teile des Landesgartenschaugeländes und seines unmittelbaren Umfeldes mussten nach möglichen Kampfmitteln im Boden untersucht werden. Dies machte die Einhaltung des ursprünglichen Zeitplans zur Fertigstellung der Anlagen unmöglich. Am 30.07.2013 fiel die Entscheidung, die Landesgartenschau um ein Jahr zu verschieben. Nicht aufgehalten werden sollte jedoch die städtebauliche Entwicklung auf dem ehemaligen Kasernengelände. Dies führte dazu, dass im Umfeld der Schau im Jahr 2015 zahlreiche Baustellen – „Stadtentwicklung live" – zu sehen waren. Entgegen erster Befürchtungen führte dies aber nicht zu Kritik – im Gegenteil: die Besucher wurden neugierig auf das, was mit dem Gelände nach der Landesgartenschau passieren würde und informierten sich über die Stadtentwicklung hinter der „Kulisse Landesgartenschau".

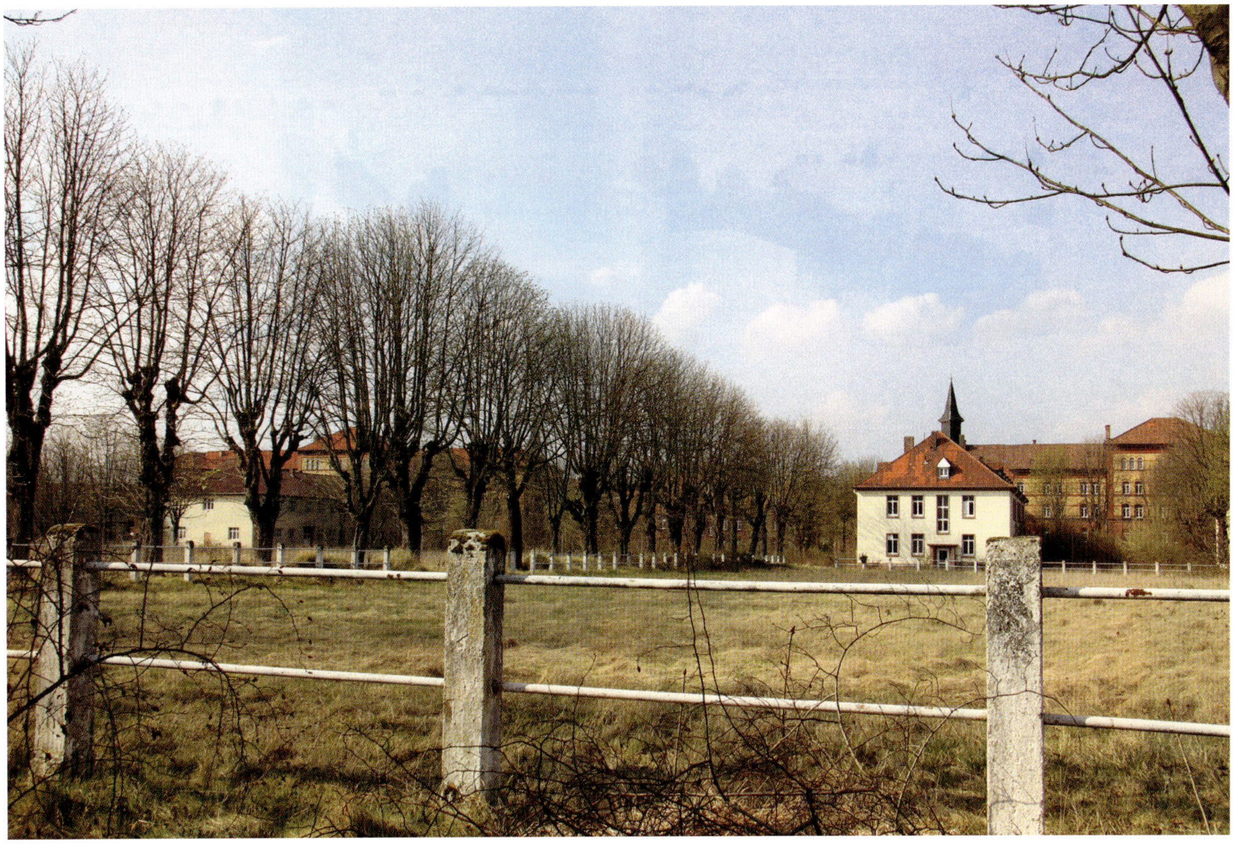

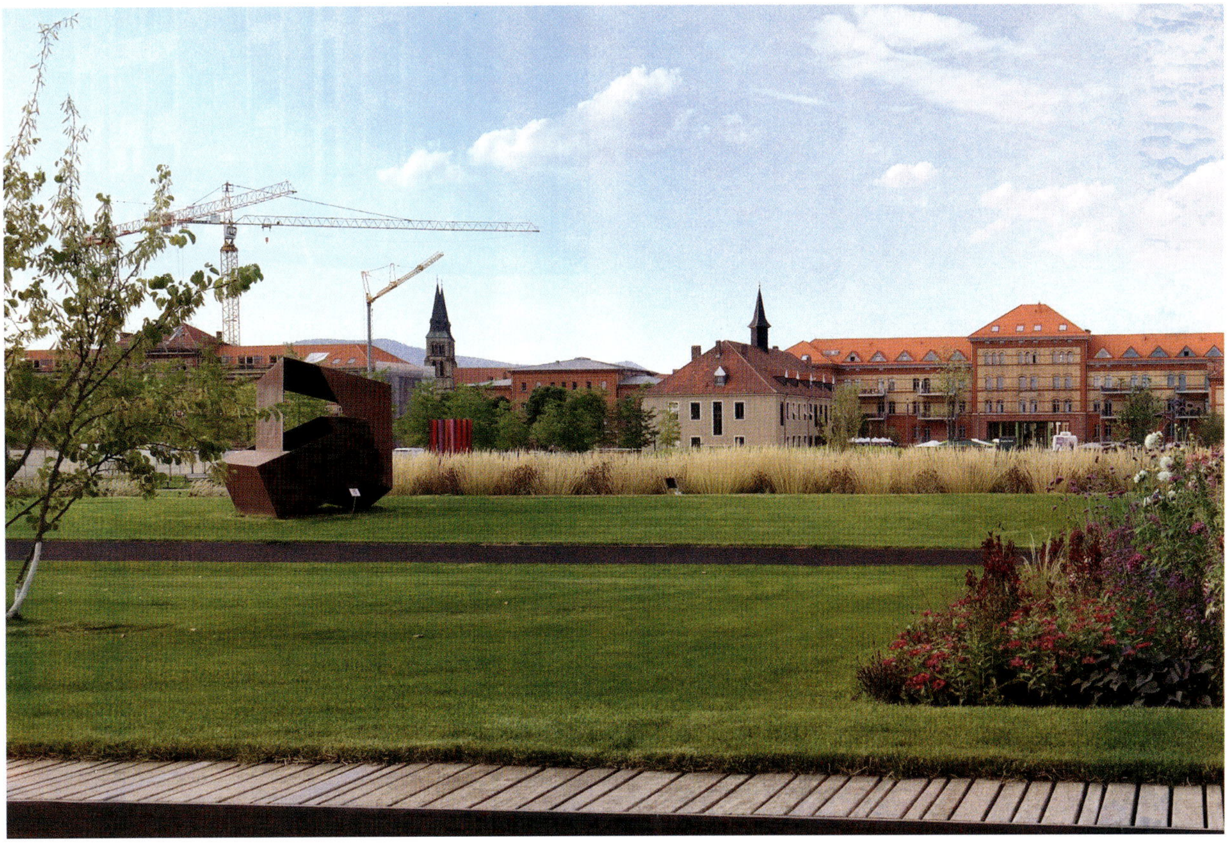

Der neue „Wohnpark Am Ebenberg" soll Lebensraum für 1 500 bis 2 000 Menschen aus allen Bevölkerungsgruppen werden, 900 Wohnungen und 300 Arbeitsplätze werden entstehen. Bis zum Ende der Landesgartenschau waren rund ein Drittel der bebaubaren Grundstücke verkauft, ein Großteil hiervon bereits bebaut und zum Teil auch schon genutzt. Ein Grund für die zügige städtebauliche Entwicklung war die gartenschaubedingte, frühzeitige Fertigstellung der Wohnstraßen und öffentlichen Freiräume – Maßnahmen, die in anderen Neubauquartieren oft erst Jahre nach dem letzten Grundstücksverkauf erfolgen. Im „Wohnpark Am Ebenberg" war es umgekehrt: die ersten Bewohner wohnten „auf der Landesgartenschau" und konnten die hochwertigen Parkanlagen, die Ausstellungsbeiträge und zahlreichen Veranstaltungen hautnah miterleben.

Entstanden ist ein Umfeld, das „Wohnen im Park" möglich macht, verkehrsarm, zentral gelegen und hervorragend angebunden. Der neue Bahnhaltepunkt „Landau-Süd", die Landesgartenschau-Brücke als fußläufige Verbindung über die Bahn Richtung Gewerbe- und Freizeitbereich „Am Messegelände" und attraktiv hergerichtete Straßenzüge in der Südstadt mit saniertem Gebäudebestand sorgen für die Integration des neuen Stadtteils in das städtische Umfeld.

Südlich der ehemaligen Mannschaftsgebäude an der Cornichonstraße öffnet sich heute der Blick über den neuen Südpark, die Landschaftsachse entlang bis zum Gebäude null41 und zum Aussichtsturm. Von oben betrachtet erkennt man die Öffnung der Stadt nach Süden, die einst an der Cornichonstraße zu Ende war, bis hin zum „Nationalen Naturerbe Ebenberg".

In östliche Richtung entstanden im ehemaligen „Kohlelager" auf einer Fläche von rund 10 Hektar weitläufige Sport- und Freizeitanlagen, die für jeden Sportgeschmack etwas bieten und darüber hinaus mit unterschiedlichen Naturerlebnisräumen zum Entdecken und Erkunden der heimischen

Flora und Fauna einladen. Der „Spiel- und Freizeitcampus" in fußläufiger Entfernung zum „Wohnpark Am Ebenberg" wertet das gesamte Konversionsareal dauerhaft deutlich auf und wird auch nach der Landesgartenschau Anziehungspunkt für Sportler und Aktive aus der gesamten Stadt und der umliegenden Region sein.

30 Hektar ehemaliges Brachland sind mit der Landesgartenschau 2015 aus dem „Dornröschenschlaf" geweckt worden. Stadt und Landschaft wurden in beeindruckender Weise verzahnt, der Ring innerstädtischer Grünflächen im Süden der Stadt geschlossen. Die Landesgartenschau in Landau hat Visionen Realität werden lassen und „aus Vergangenheit Zukunft gemacht".

Hans-Dieter Schlimmer
und Christoph Kamplade

Spezialauftrag

Gut fünf Jahre lang hat ein kleines, schlagkräftiges Team die Konversion des ehemaligen Kasernenareals Estienne et Foch vorbereitet und koordiniert: Die Projektabteilung des Entsorgungs- und Wirtschaftsbetriebs Landau (EWL) agierte als Bindeglied zwischen den Ämtern für Stadtentwicklung, Straßenbau und Umwelt. Ob Kosten oder Termine – das Team hatte die Zügel stets fest in der Hand und sorgte für die reibungslose Zusammenarbeit aller Mitwirkenden von der Planung bis zur Ausführung.

Große Investition in Zukunft der Stadt

Die Verantwortung der Projektabteilung war enorm: Ein Bauvolumen von rund 18 Millionen Euro musste in kürzester Zeit umgesetzt werden. Es waren leistungsfähige Planungsbüros zu finden und zu beauftragen, Ausschreibungen vorzubereiten sowie Angebote zu bewerten und den städtischen Gremien zur Vergabe vorzulegen. Dann galt es die Arbeiten der beauftragten Unternehmen zu koordinieren, zu überwachen, abzunehmen und abzurechnen.

Die Landauer Bürger verfolgten die Veränderungen auf dem ehemaligen Areal aufmerksam; spektakulär waren die riesigen Erdbewegungen und zwei Brückenbauten. Nicht sichtbar war all das, was im Vorfeld von den Beschäftigten der Projektabteilung geleistet wurde: Die Bauleitplanung, das Erstellen von Bebauungsplänen für das Kasernenareal und Teile des Gartenschaugeländes sowie die Absprachen mit dem Stadtbauamt, das sich um die Finanzmittel und die Grundstücksvermarktung kümmert.

Meilensteine im Rückblick

Pünktlich zum geplanten Beginn der Landesgartenschau im Frühjahr 2014 waren die östliche Südstadt und das Gelände der Landesgartenschau über die neu erstellte Paul-von-Denis-Straße an den Verkehrsknoten Queichheimer Brücke – Rheinstraße - Maximilianstraße optimal erreichbar. Der „Wohnpark Am Ebenberg" wird hierüber ohne zusätzliche Belastung der Südstadt erschlossen. Gekostet hat die neue Straßenführung rund 2 Millionen Euro, die sich das Land Rheinland-Pfalz und die Stadt Landau teilen.

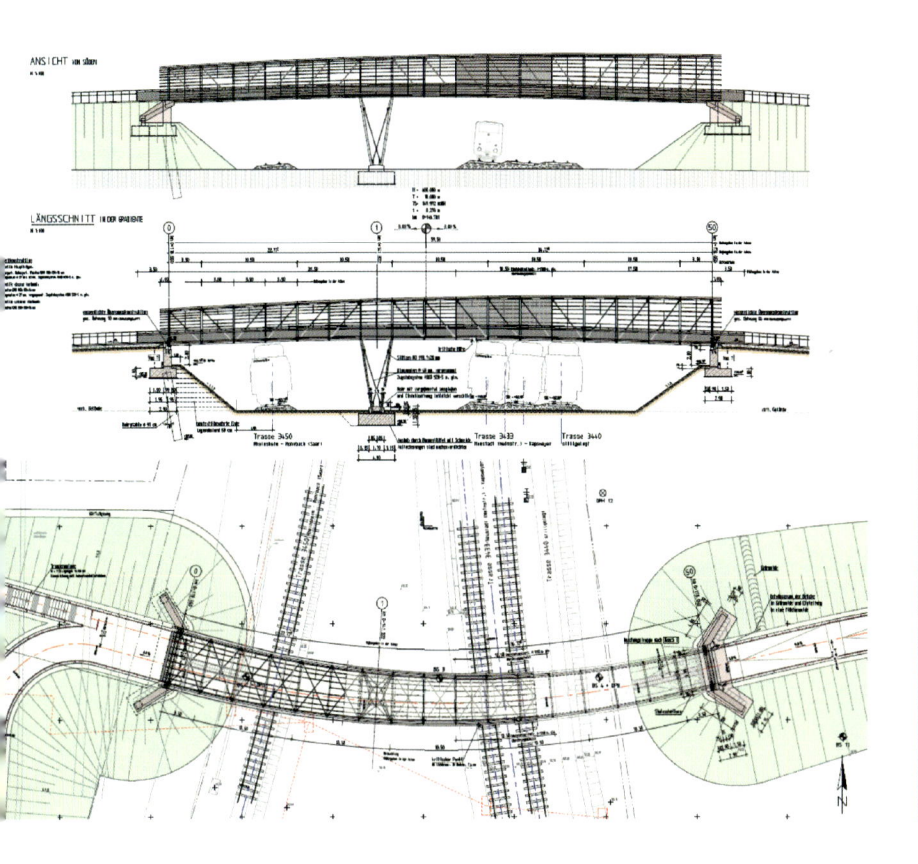

Ein weiterer Meilenstein war der rund 900 000 EUR teure Neubau der Ebenbergbrücke, die heute die alte Sandsteinbrücke aus dem Jahr 1872 ersetzt. Das neue Bauwerk ermöglicht mit 9,5 Meter Gesamtbreite den Radfahrern und Fußgängern ein sicheres Queren der Bahnlinie gemeinsam mit dem motorisierten Verkehr. Dabei wurde darauf geachtet, dass der Lichtraum über den Bahngleisen ausreichend hoch ist, um eine spätere Elektrifizierung der Bahnstrecke zu ermöglichen.

Schon im Jahr 2013 konnten mit der Park-and-Ride-Anlage am Hauptbahnhof und dem neuen Bahnhaltepunkt Landau Süd zwei wichtige Infrastrukturprojekte der Landauer Bevölkerung übergeben werden. In der Summe wurden zur Förderung des öffentlichen Nahverkehrs ca. 1,8 Millionen EUR investiert.

Fahrradfreundliche und grüne Stadt

Seit April 2014 ist auch die neue Rad- und Fußgängerbrücke (Landesgartenschaubrücke) als zusätzliche Bahnquerung in Betrieb. Während der Landesgartenschau verband sie die Parkplätze im Gewerbegebiet Messe mit dem Gartenschauareal. Aber darüber hinaus ist sie ein Symbol für eine Stadtentwicklung, die das zu Fuß gehen und Rad fahren fördert. Dabei gab es manche Hürde zu überwinden, schließlich wurde nach einer Intervention des Landesrechnungshofs der zweite Sieger des Brückenwettbewerbs realisiert. Heute führt eine elegante Stahlkonstruktion über die Bahnlinie; sie hat rund 2 Millionen Euro gekostet. Eine Investition, die zweifellos ohne die Landesgartenschau nicht hätte realisiert werden können. Spektakulär waren die Bauaktivitäten, die mit Rücksicht auf den Bahnverkehr nachts durchgeführt wurden.

Die Cornichon- und Friedrich-Ebert-Straße wurden für ca. 3,4 Millionen EUR barrierefrei umgestaltet; neue Gehwege, Parkbuchten und viele Bäume werten die Straßenzüge deutlich auf. Zusätzlich leben heute die Anlieger durch den Austausch des unebenen Pflasters deutlich ruhiger. Das historische Pflaster wurde allerdings nicht entsorgt, sondern wurde in den Parkbuchten und den Zufahrten zum „Wohnpark Am Ebenberg" wieder verwendet.

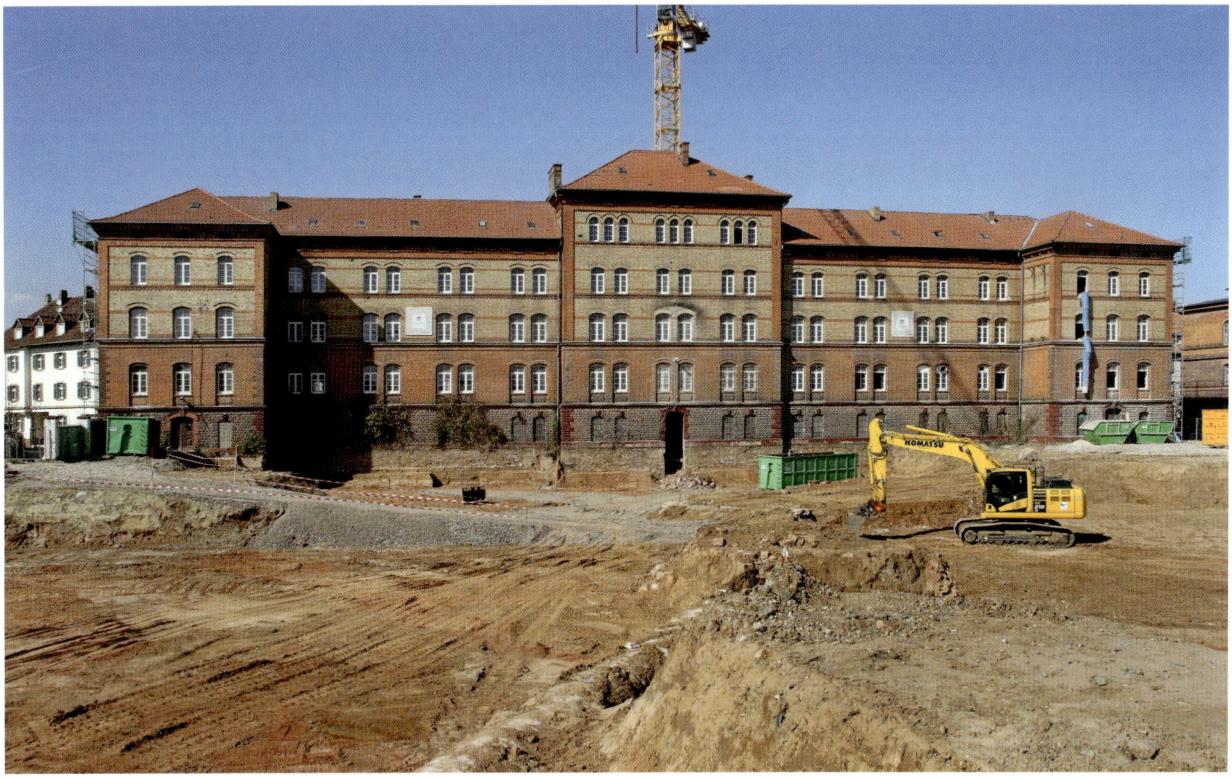
KOMATSU

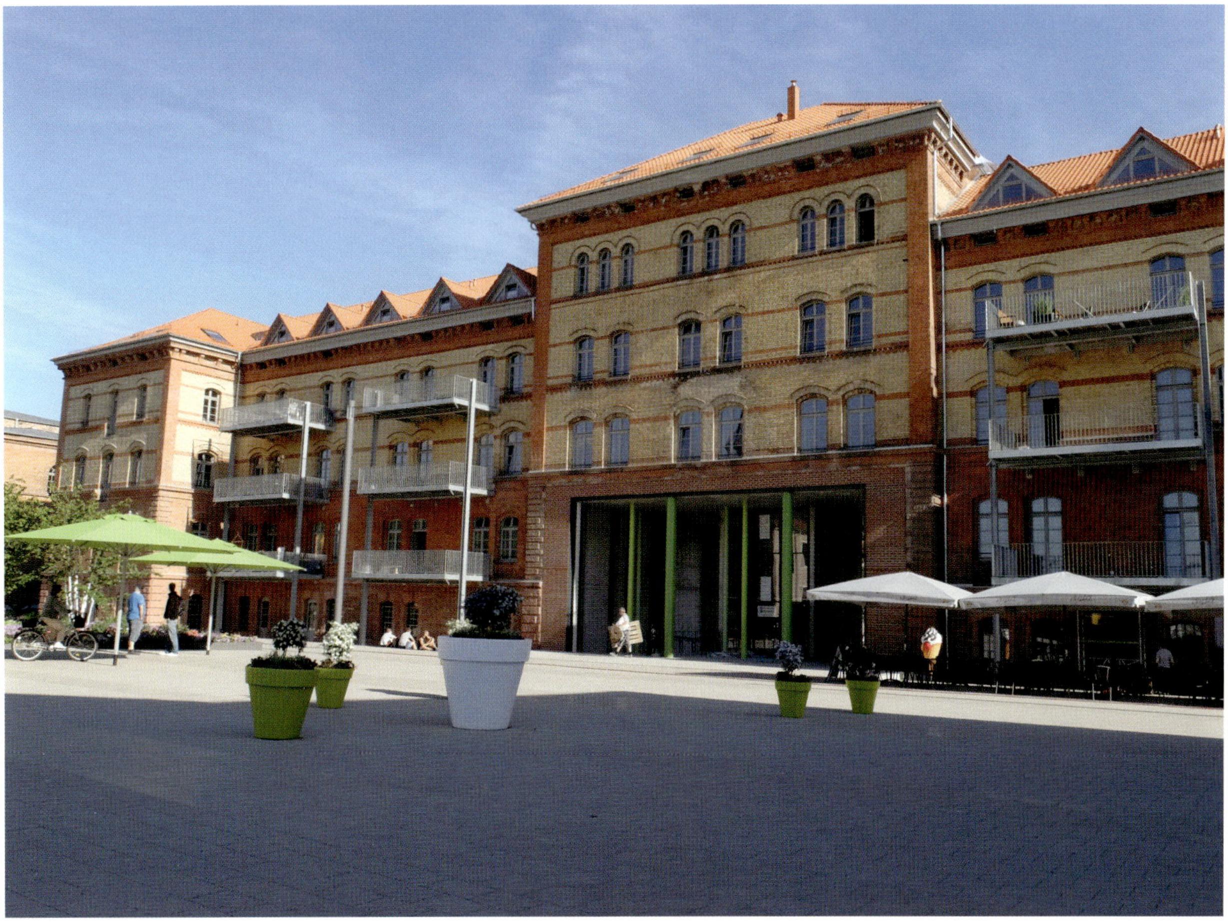

Ressourcenschonend umgesetzt

Ganz neu entstanden ist auf dem ehemaligen Kasernengelände der „Wohnpark Am Ebenberg". Rund 5 Millionen Euro kosteten die ersten beiden Erschließungsabschnitte. Die EWL-Projektabteilung hat auf dem 24 Hektar großen Areal über 3 Kilometer Straßen und 6 Kilometer Kanäle bauen lassen und das Einbringen von über 7 Kilometer Versorgungsleitungen für Strom, Trinkwasser, Fernwärme und Medienkabel koordiniert.

Besonderen Wert haben die Planer des EWL auf eine umwelt- und ressourcenschonende Umsetzung der neuen Infrastruktur gelegt: Ein Großteil des Straßenunterbaus besteht aus recycleten Materialien abgebrochener Kasernengebäude. Diese Lösung hat nicht nur das Budget entlastet, sondern auch die Belastung der Bürger in der Südstadt minimiert. Denn zwischen ehemaliger Kaserne und altem Güterbahnhof wurden für die Erschließungsarbeiten rund 140 000 Tonnen Erde und Schutt bewegt – das entspricht über 7 000 Lastwagen, die durch das umweltbewusste Vorgehen das Areal nie verlassen mussten.

Alte Kampfmittel als Herausforderung

Die Konversion des ehemaligen Kasernenareals Estienne et Foch war durch die Kampfmittelsondierung vor besondere Herausforderungen gestellt. Im Sommer 2013 hatte die Stadt Landau gemeinsam mit dem Land Rheinland-Pfalz wegen der zahlreichen Kampfmittelfunde beschlossen, die Landesgartenschau um ein Jahr zu verschieben. Damit wurde ein ausreichendes Zeitfenster geschaffen, um eine umfassende Sondierung durchzuführen. Im ersten Schritt wurden Anfang 2014 rund 10 Hektar Fläche bis zu 2 Meter tief abgegraben und von Kampfmitteln aus dem Zweiten Weltkrieg befreit. Gefunden wurden rund 4,4 Tonnen alte Fliegerbomben und Munitionsreste. Die Räumung hat bislang 2,5 Millionen Euro gekostet. Mit dem Ende der Gartenschau werden weitere Flächen auf dem ehemaligen Kasernengelände untersucht.

Sensibilisiert durch die Erfahrungen mit Kampfmitteln auf dem Kasernengelände erhielt der EWL den Auftrag systematisch die Situation im gesamten Stadtgebiet zu analysieren. Für das gesamte 58 Quadratkilometer umfassende Stadtgebiet wurde von einem Fachbüro eine Kampfmittelvorerkundung durchgeführt. Aus der Recherche und

Personen hinter den Projekten
Das Team der Projektabteilung des EWL hat die vorgegebenen Projekte erfolgreich umgesetzt. Ohne das persönliche Engagement von Christoph Kamplade, Sascha Reinhard, Brigitte Schlösser, Juliane Letz, Stephan Christmann, Oliver Wittmann und Silke Schanz wäre dies nicht möglich gewesen.

Thomas Hirsch und Bernhard Eck

Aufbereitung der Daten entstand eine umfassende Kampfmittelbelastungskarte. Hiermit hat die Stadt Landau eine Vorreiterrolle in Rheinland-Pfalz übernommen. Die Stadt Landau hat rund 60 000 Euro für die Sicherheit ihrer Bürger aufgewandt.

Der Freundeskreis, das Bürgerengagement

Ein Großprojekt wie eine Landesgartenschau ist ohne die Unterstützung der Bürgerinnen und Bürger Landaus nicht zu realisieren. So gründeten bereits im Mai 2011 157 Landauer und Südpfälzer Bürger den „Freundeskreis Landesgartenschau". Ziel war es, die Landesgartenschau, diese nachhaltige Bereicherung für die Stadt und die gesamte Region, zu einem unvergesslichen Ergebnis zu machen.

Rund 800 Mitglieder waren es schließlich, die sich als Bindeglied zwischen Landesgartenschau GmbH und den Bürgerinnen und Bürgern verstanden haben und mit viel Engagement zum Gelingen des Projektes beitrugen.

So bündelten sich die Kräfte in vier Arbeitskreise, die die Öffentlichkeitsarbeit und Mitgliederwerbung, die Aktivitäten für die Landesgartenschau, generationsübergreifende Projekte und Initiativen für die Verschönerung der Stadt vorantrieben.

Mit viel Enthusiasmus wurde die Landesgartenschau sowohl ideell als auch materiell unterstützt. Mit der Organisation von Festen wie dem Benefiz-Frühlingsball oder einer Tombola auf dem Thomas-Nast-Weihnachtsmarkt sowie verschiedenen Informationsveranstaltungen hat der Freundeskreis sich nicht nur in die Vorbereitungen und inhaltliche Gestaltung des Großprojektes eingebracht, sondern auch wesentlich zum positiven Bild der Landesgartenschau in der Öffentlichkeit beigetragen. So wurden z.B. Führungen über die Landesgartenschau von Mitgliedern des Freundeskreises durchgeführt.

Und der Freundeskreis wirkt auch noch über das Großprojekt hinaus: Er setzte sich für die nachhaltige Nutzung der gebauten Anlagen und Einrichtungen ein, damit diese den Bürgern und Bürgerinnen auch noch nach dem Veranstaltungszeitraum zur Verfügung stehen.

Beim Durchblättern dieses Buches finden Sie immer an passender Stelle und entsprechend gekennzeichnet, die Aktionen des Freundekreises.

Regelmäßig trafen sich die Mitglieder des Freundeskreises zum Dämmerschoppen in der Vinothek Par Terre auf dem Ausstellungsgelände. Links unten der Vorsitzende des Freundeskreises und ehemalige Oberbürgermeister der Stadt Landau, Dr. Christof Wolff.

Auf der Seite oben eine der Verschönerungsmaßnahmen des Freundeskreises in der Stadt; einige der „Macher", Männer und Frauen im Hintergrund: Horst Hoffmann, Willi Schmidt, Günter Haas, Elisabeth Morawietz und Hermann Demmerle.

Das Landesgartenschaugelände

27 Hektar groß war das Konversionsgelände zwischen Cornichonstraße und Ebenberg, auf dem die Landesgartenschau stattgefunden hat. Der Park der Generationen stellt das Herzstück des neuen Wohnquartiers sowie der Gartenschau dar: In der Verlängerung der Friedrich-Ebert-Straße reicht er mit einer Breite von 100 Metern bis zum Gleisbogen. Hier haben Stauden, ein Wassergarten und großzügige Wechselflorflächen den Besucher empfangen.

Die Entwicklung zum neuen Stadtteil wurde für die Besucher mit Musterhäusern und Mustergärten erlebbar dargestellt. Die Region und die Partnerstädte haben sich auf der Landesgartenschau präsentiert. Verschiedene Anbieter aus dem Bereich der Gastronomie kümmerten sich um das leibliche Wohl der Gäste. Über zwei Fußgängerbrücken gelangten die Besucher Richtung Ebenberg und zum Gewerbepark „Am Messegelände". Südlich des Gleisbogens entstanden Kleingärten und ein abwechslungsreicher Spiel- und Sportbereich. Der EnergieSüdwest-Aussichtsturm gewährte einen Ausblick über das Ausstellungsgelände.

Die Entwicklung im Kasernenareal wird ganz im Sinne der Nachhaltigkeit weitergeführt: Der „Wohnpark am Ebenberg" mit Büronutzungen und Versorgungseinrichtungen entsteht rund um den Park der Generationen, dem jetzigen Südpark. Er wird gemeinsam mit den Spiel-, Sport- und Freizeitangeboten am Ebenberg lange an die Landesgartenschau erinnern.

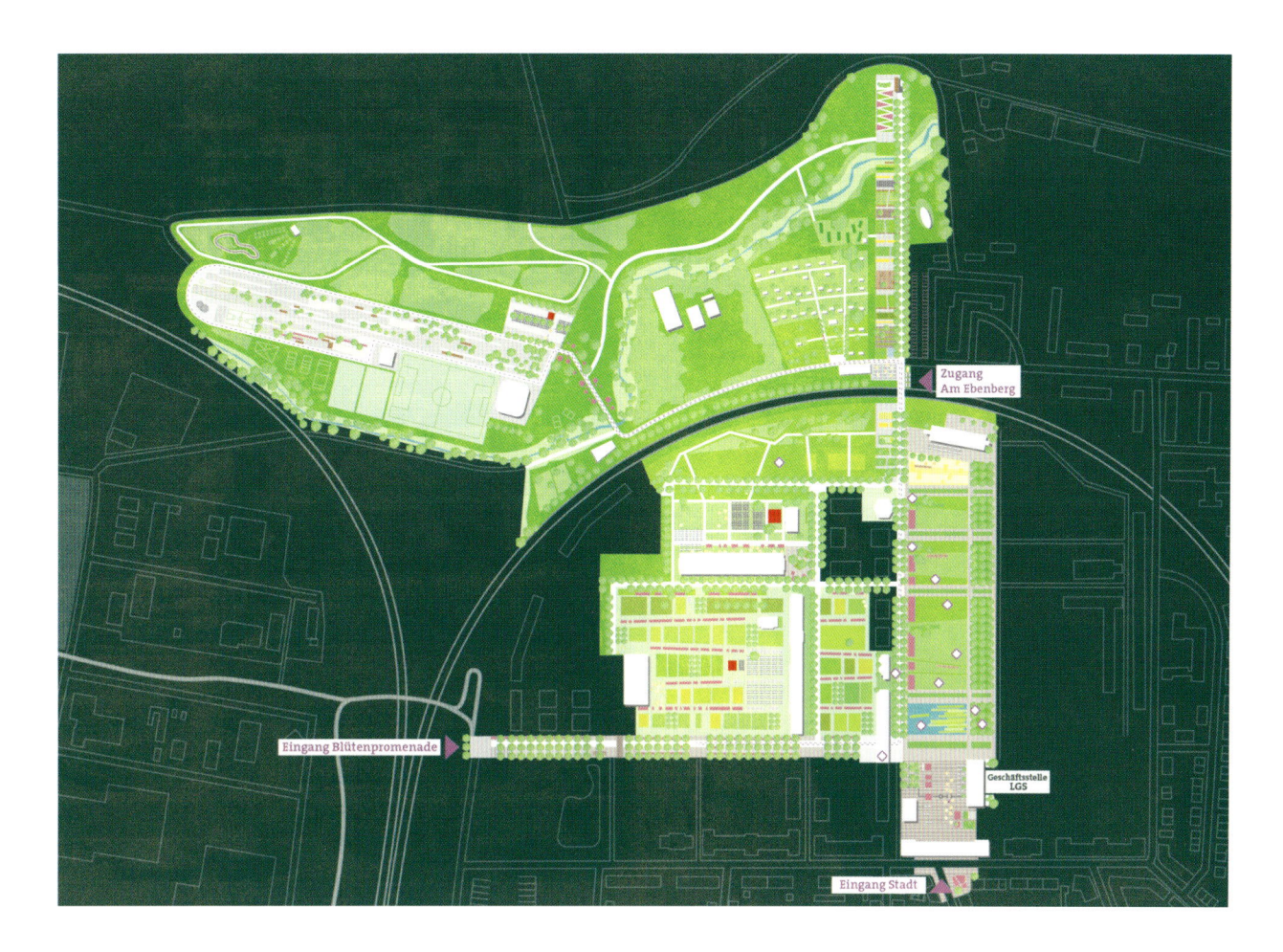

Mit Betreten des Gartenschaugeländes wurde man von einem wahren Feuerwerk an Farben empfangen. Prächtige Blumenlandschaften prägten das gesamte Ausstellungsgelände und erleichterten die Orientierung. Eines der Leitthemen der Gartenschau waren die Gartenkabinette, die über das gesamte Ausstellungsgelände verteilt zu finden waren. Jeder Garten hatte seinen ganz eigenen Schwerpunkt: Mal üppig und opulent, mal exotisch und verspielt. Man konnte in fremde Welten abtauchen und sich inspirieren lassen.

Im 3,4 Hektar großen Park der Generationen konnte man durch die schattigen Promenadenwege schlendern oder am beruhigenden Wassergarten entspannen und die beeindruckenden Bilder der Gartenschau nachwirken lassen. Die Kinder erkundeten lachend den abenteuerlichen Spielplatz und die Boule-Spieler konnten bei ihrer Partie beobachtet werden. Die Gärten der Pfalz zeigten einen Querschnitt der gesamten Vielfalt der Landschaft. Vom Pfälzer Wald über die Mandelbäume bis hin zu den Weinreben und der Rheinebene, hier konnte alles gefunden werden, was die Region so einzigartig und besonders macht.

Besinnlich präsentierte sich der Ausstellungsbeitrag Grabgestaltung und Denkmal. Auf einer Fläche von 1000 m² zeigten Friedhofsgärtner und Steinmetze die Ergebnisse ihrer Zusammenarbeit: insgesamt 40 Grabstellen und ein Memoriamgarten wurden auf eindrucksvolle Weise individuell gestaltet. Der Altbaumbestand und das Spiel mit Licht und Schatten verliehen dem Ort eine würdevolle Atmosphäre. So entstand ein andächtiger Beitrag der Stille und Besinnlichkeit.

Am südlichsten Punkt des Geländes wartete ein weiteres Highlight auf die Besucher: Unverwechselbar und beeindruckend wird sich auch in Zukunft der 25 Meter hohe EnergieSüdwest-Aussichtsturm präsentieren. Von oben eröffnete sich ein grandioses Panorama über die Landesgartenschau, über den Ebenberg, die Stadt Landau bis hin zum Pfälzer Wald.

33

Der Wassergarten

Ein großes Wasserbecken bildet Auftakt und Herz des Parks. Mit üppig bepflanzten, die stille Wasserfläche durchziehenden Beeten entstand ein „Wassergarten", begehbar durch ein Holzpodest, auf dem man verweilen und entspannen kann.

Die anschließenden, großzügigen Rasenflächen sind von Stahlrahmen gefasst und leicht gekippt. Sie werden von Pflanzbändern mit Schottersedimenten durchzogen, auf denen sich eine entsprechende Flora entfaltet. Begleitet von Blütengehölzen bieten Holzdecks geschützte Bereiche des Aufenthalts. Mit flankierenden Baumreihen beiderseits der Parkachse werden Aufenthalts- und Spielbereiche unter deren Schatten geschaffen.

Als letztes Segment der Parktopographie zum Theodor-Heuss-Platz schiebt sich der Wassergarten bis zu 75 cm aus der Ebene empor, gefasst durch eine schmale Stahlwand. Als Kontrast zum ruhigen Wasserspiegel steht der üppige Wassergarten mit Pflanzungen aus einfachen Schilf bis hin zu blühenden Seerosen. Im Norden entlang der Siebenpfeiffer-Allee ist dem Wasserbecken ein breites Staudenband mit Sitzelementen vorgelagert. Die Bepflanzung des Wassergartens hat nicht nur einen Schmuckaspekt, sondern trägt wesentlich zu der Reinigung des mit Grundwasser gespeisten Wasserbeckens bei. Über im Inneren der Beete liegenden Drainrohrleitungen wird das Wasser angesaugt und die Schweb- und Nährstoffe verbleiben in dem Pflanzsubstrat. Die anfallenden Stoffe werden aus dem Substrat von den Pflanzen aufgenommen. Die Pflanzen tragen so zur Wasserklärung und die Nährstoffe zum Wachstum der Pflanzen bei.

Natur und Technik arbeiten effektiv miteinander. Eine große unterirdische Pumpenstube sorgt für die notwendige Umwälzung des Wassers. Direkt neben der Pumpentechnik liegt eine Zisterne mit rund 70 m^3 zum Speichern des gewonnenen Grundwassers. Das Wasser findet für den Verdunstungsausgleich des Beckens und der automatischen Parkbewässerung Verwendung.

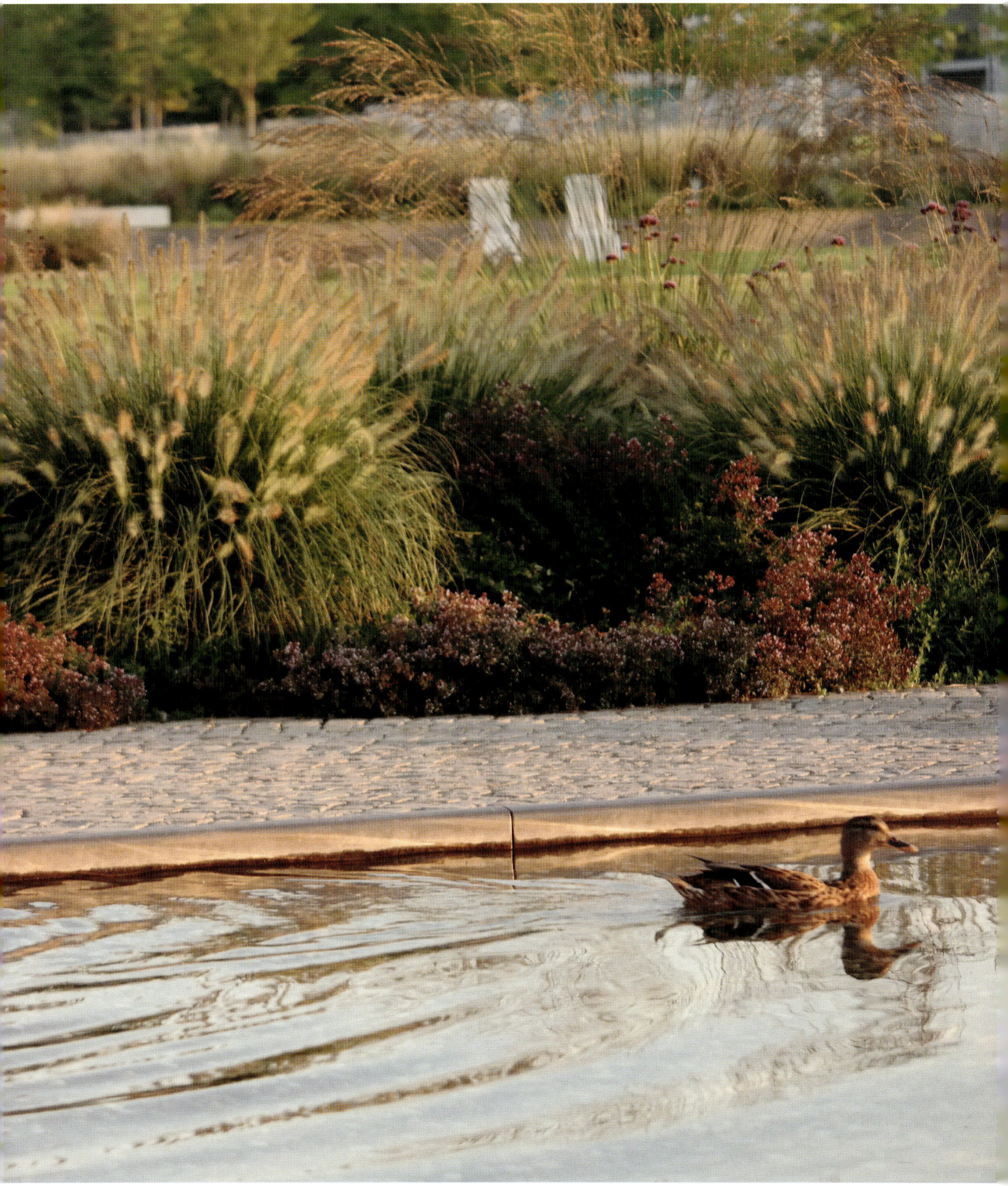

Blütenpromenade und Wechselflore

Die Blütenpromenade begrüßte die Besucher der Landesgartenschau Landau 2015 mit leuchtender Pracht. Elegant angeordnet führte der Wechselflor die Gäste mit beeindruckender Farbintensität stimmungsvoll durch das Gelände. Gleichzeitig konnten sich die Besucher von den vielen Kombinationsbeispielen für den eigenen Garten inspirieren lassen.

Das Blütenmeer im Ausstellungsgelände bildet einen blumigen Kontrast zum Park der Generationen mit seinen weitläufigen Wiesenflächen und Staudenbeeten. Begonien, Kardinalslobelien, Knöterich, Zierlauch und Löwenmäulchen verliehen der länglich ausgerichteten Blumenpromenade eine lückenlose Blütenpracht mit intensiven Farben.

Das Ausstellungsgelände der Landesgartenschau zeichnete sich durch eine enorme Themenvielfalt aus. Die Blütenfarben des Wechselflors wurden daher so ausgewählt, dass sie farblich mit den Ausstellungsbeiträgen harmonierten. Blau, Weiß und Violett sowie Grau und Purpur sind neutrale Farben, die den Besucher ansprachen, ohne sich zu stark in den Vordergrund zu drängen.

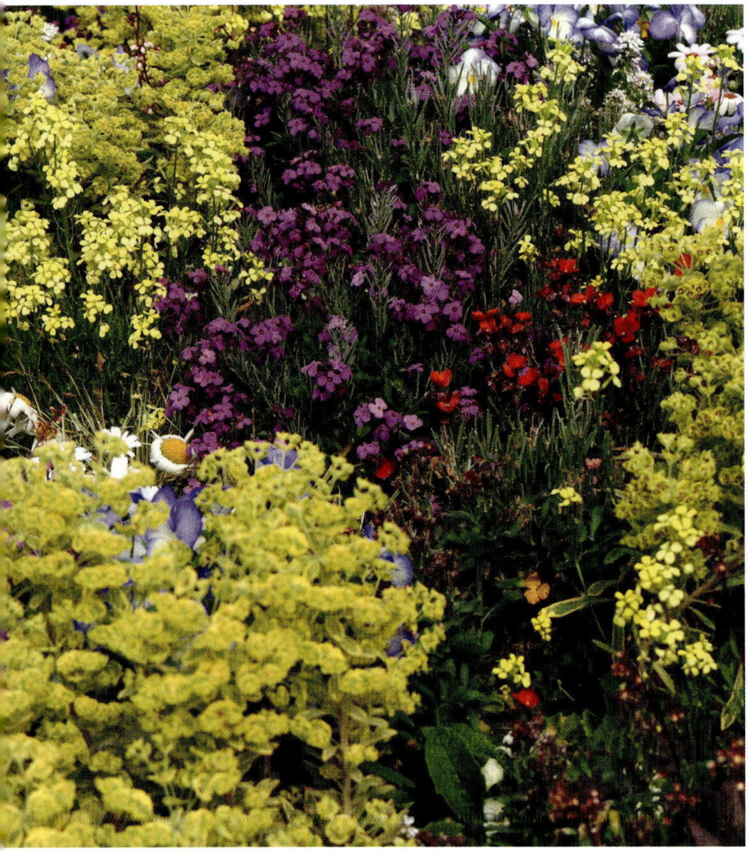
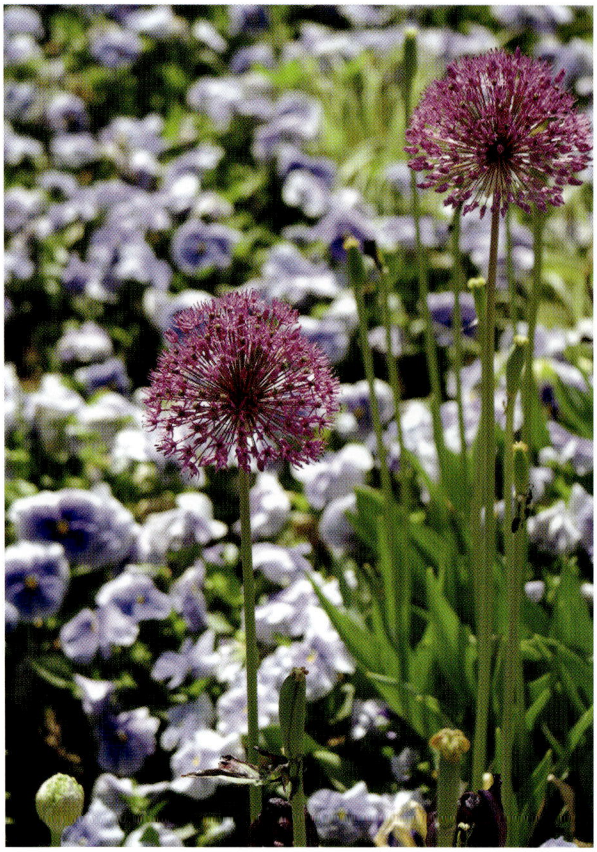
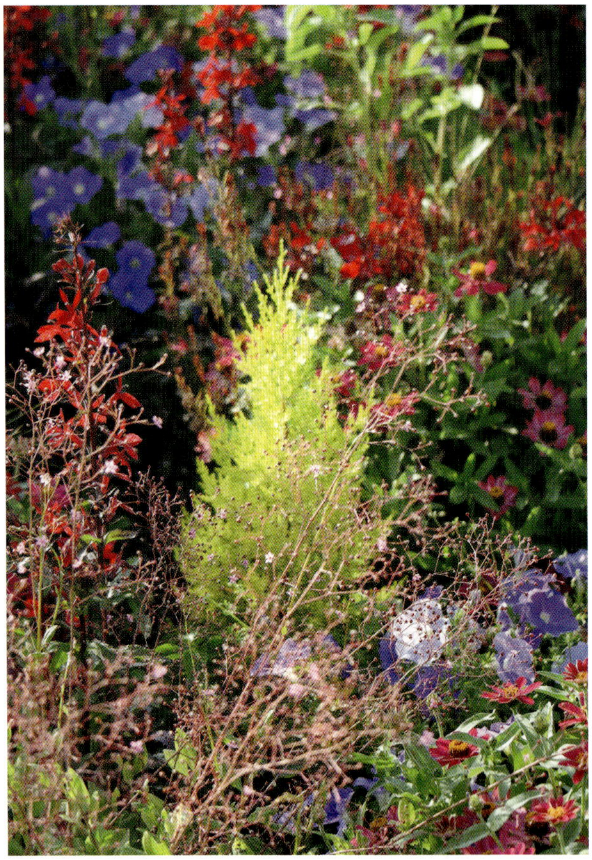
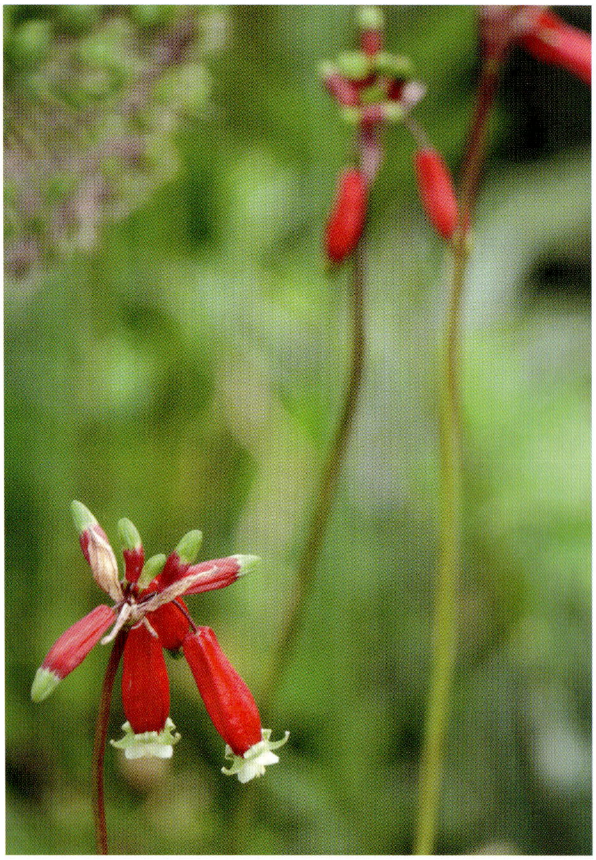

Mit seiner Anordnung in Reihen oder längsrechteckigen Gruppen bildete der Wechselflor einen ruhigen Gegenpol zur Gestaltungsvielfalt der Ausstellungsbeiträge. Elegant angeordnet führten sie die Gäste mit beeindruckender Farbintensität stimmungsvoll durch das Gelände.

Dadurch profitierte auch die Bebauung auf dem Gartenschaugelände: So wurden die historischen Gebäude in der Fritz-Siegel-Straße durch Studentenblumen, Zinnien, Gräser, Dahlien und Salbei auch floral in Szene gesetzt.

Die Gestaltung der Blütenpromenade und des Wechselflors dokumentierte die Qualität der rheinland-pfälzischen Gärtnereien. Durch Kompetenz und Fachwissen entstanden abwechslungsreiche Blütenmeere von ausgezeichneter Güte. Nicht zuletzt deshalb blieb das Gelände der Landesgartenschau vom 17. April bis zum 18. Oktober 2015 immer variantenreich gestaltet und lud zu einer 185-tägigen Entdeckungsreise ein.

Beteiligte Betriebe:

Blumen Burghardt, 67659 Kaiserslautern
Christmann OHG, 67657 Kaiserslautern
Blumen Dennhardt, 67317 Altleiningen
Pflanzenwelt Christian Dienst, 67459 Böhl-Iggelheim
Gärtnerei Foos, 55543 Bad Kreuznach
Gärtnerei Haase, 55545 Bad Kreuznach
Gärtnerei Heinz, 55457 Gensingen
Gärtnerei Matthias Melchisedech, 54292 Trier
Blumen Pörtner, 56414 Wallmerod
Bellandris Rehner, 55543 Bad Kreuznach
Gartenbau Sauer, 67098 Bad Dürkheim
Gärtnerei Schädler, 54492 Zeltingen-Rachtig
Gartenbaubetrieb Andreas Scheu, 67547 Worms
Gartenbaubetrieb Hermann Schlötter, 56072 Koblenz
Blumenhaus Smedla, 55128 Mainz
Gartenbaubetrieb Karl-Heinz Wenz, 55758 Schauren

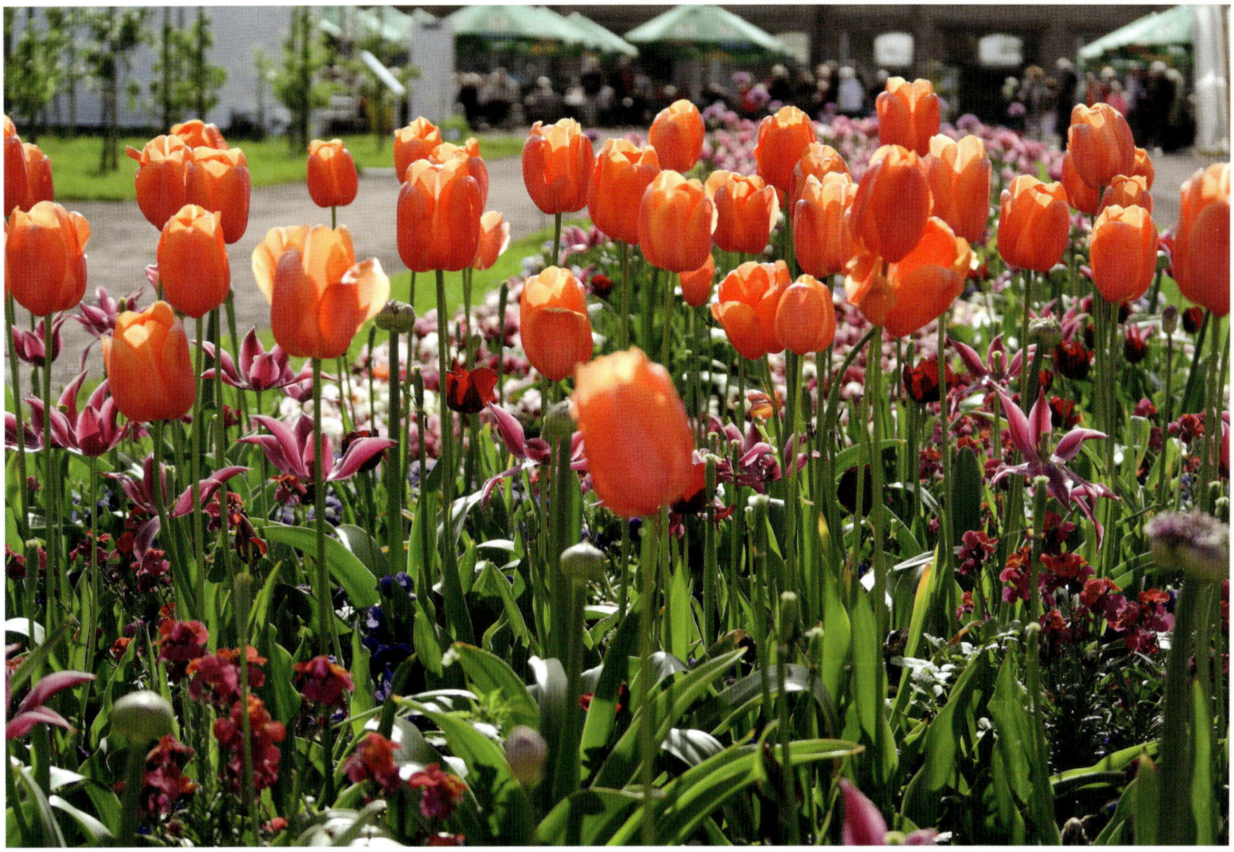

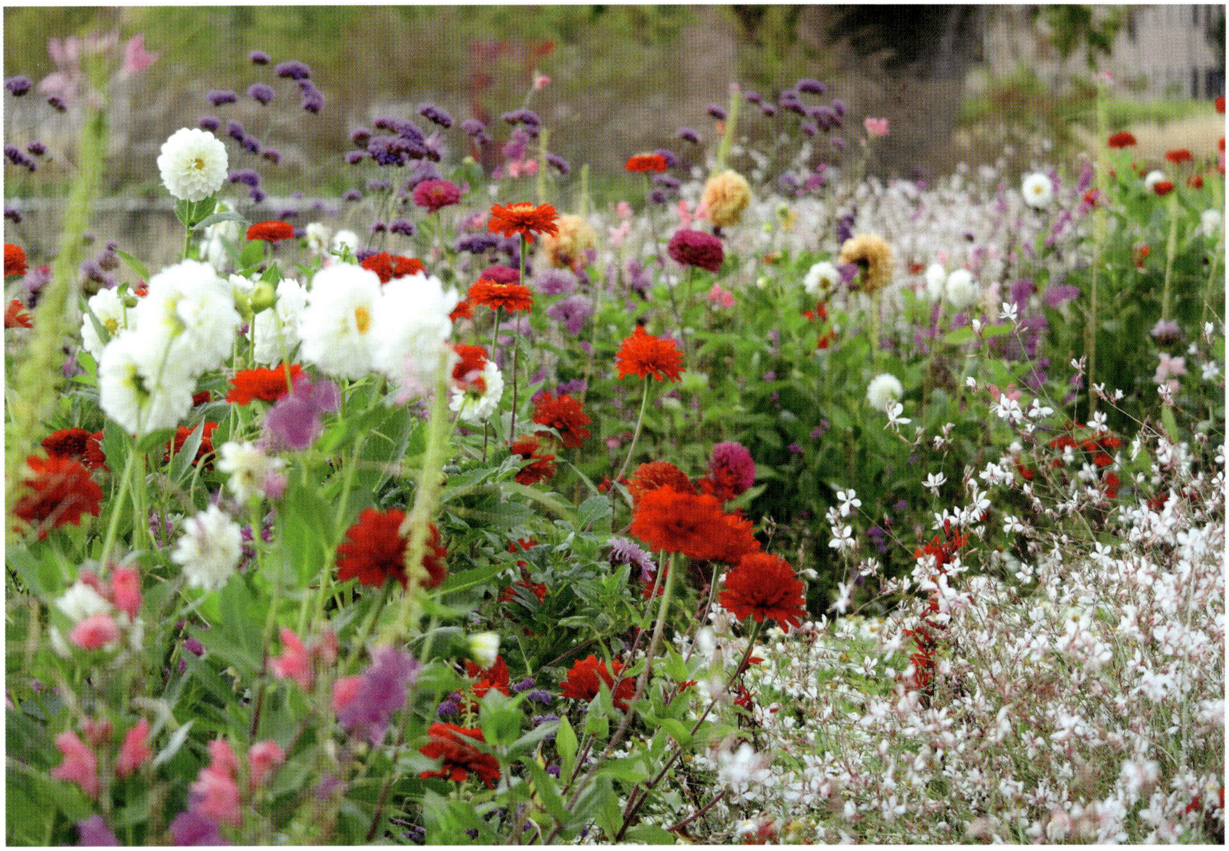

Die Gartenkabinette

Wie der Name schon sagt, ist bei einer Landesgartenschau auch „schauen" angesagt, neben der Präsentation von Leistungen, Firmen und Organisationen rund um das Thema Garten. Die Gartenkabinette, jene mit halbtransparentem Gewebe geformten Kuben, luden das Auge ein, Einblicke in die Kunst der Gartengestaltung zu nehmen. Der Stoff – ein Kulturschutznetz, das in der ökologischen Landwirtschaft als Pestizid-Ersatz Verwendung findet – warf einen lebendigen Schatten auf die Szenerien in den kunstvoll angelegten Kleinoden der Gartenkultur.

Die Gestaltung dieser „Inseln des Glücks" sind eine Gemeinschaftsleistung von Landschaftsarchitekten und Fachbetrieben des Garten- und Landschaftsbaus. Landschaftsgestalter üben sich darin, Natur und Kultur ohne Bruch zusammenzufügen, so dass der Mensch sich seiner Aufgabe des Schützens und des Nutzens des ihn umgebenden Lebensraumes bewusst werden kann. So konnten sich die Besucher für den eigenen Garten inspirieren lassen.

Gartenkabinett „verspielt" – ein Spiel mit und um den Goldenen Schnitt. Formen bewegen sich strudelnd auf einen asymetrischen Mittelpunkt zu und kontrastieren mit einem ruhigen und gleichmäßigen Baumraster. Alles Fließen dieses Gartens findet in einem Wasserbassin aus Edelstahl seinen Ruhepunkt – gleichzeitig scheint alles aus diesem Punkt heraus entstanden. Beruhigt wurde die Dynamik durch eine grau-weißliche und grünliche Tönung.

Im **Gartenkabinett "lebendig"** – wurden Nutzpflanzen des heimischen Gartens thematisiert. Sie zeigten sich in eher unbekannten Stadien ihrer Lebenszyklen. Auch nahm dieser Garten das Grundthema der kubischen Kabinette selbst auf, also praktisch ein Kabinett im Kabinett. So verschwamm für den Besucher bald die Grenze von „außen" und „innen" – die Auflösung der Mikroversion des Gartenzauns.

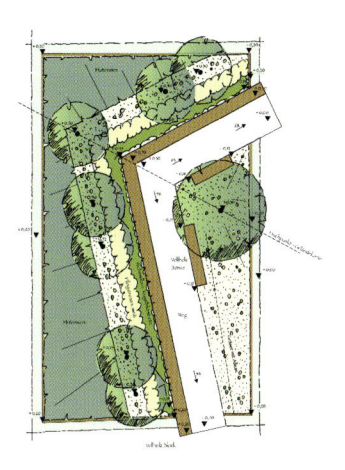

Gartenkabinett „strukturiert" – Struktur ist die Größe und die gestaltende Kraft, die den Raum dieses Gartenkabinetts prägte. Die klare Linienführung setzte Grenzen, zeigte Wege auf und prägte somit den Charakter des Gartens. Sie gab Halt und Sicherheit, begrenzte aber gleichzeitig auch Handlungen und Möglichkeiten. Die Chance des Durchbrechens der Strukturen, die Flucht in eine Traumwelt wurde in diesem Garten sinnbildlich über spiegelnde Kugeln, schwingende Gräser und bunte Blumen ermöglicht.

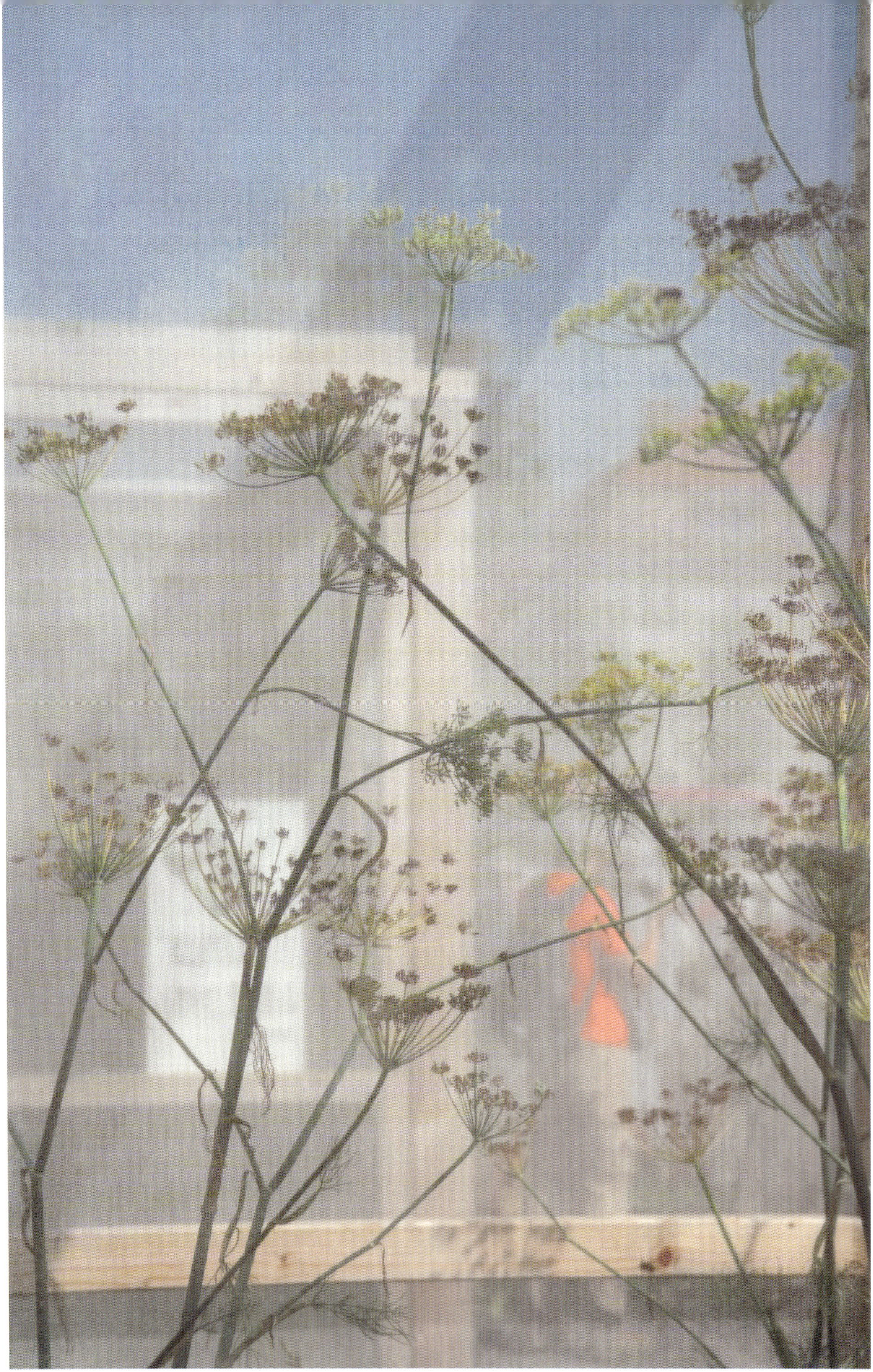

Im Gartenkabinett „genussvoll" – zeigte sich die Pfalz von der Seite, die für Genießer und solche, die das werden wollen, wie ein Lebenselixier wirkte. Düfte von Gewürzen und mediterrane Pflanzen betörten die Nase und den Geschmackssinn, essbare Blüten und Früchte verführten zum Naschen, Zierformen von Kräutern ließen die Augen sanft kreisen und dieses Szenario wurde durch Insekten, wiegende Gräser und raschelnde Blätter akustisch untermalt. Natürlich durften Wein, Feigen und Kiwi nicht fehlen, die an die mediterrane Seite der Rheinebene erinnerten.

Gartenkabinett „schmeichelnd" – Sanfte Wogen und fließende Formen charakterisierten dieses Kabinett. Weißstämmige Birken eroberten die dritte Dimension als Kontrast zu den liegenden Pflanzinseln. Sitzkiesel luden zum Verweilen ein, eine Pergola schenkte einen schattigen Platz, um das Auge über die Formen den Raum erfassen zu lassen.

Das **Gartenkabinett „wehrhaft"** – thematisierte die Festungsgeschichte Landaus. Vom Verteidigungsfeld bis hin zum Wassergraben zeigte dieses Kabinett einen typischen Querschnitt einer Festungszitadelle. So reichte der Charakter der entstandenen Raumeindrücke von ungeschützt-karg bis zu sicher-geborgen im Inneren der Festung. Abwechselnde Neigungen der Flächen ließen unterschiedliche Blickwinkel auf die Pflanzungen zu.

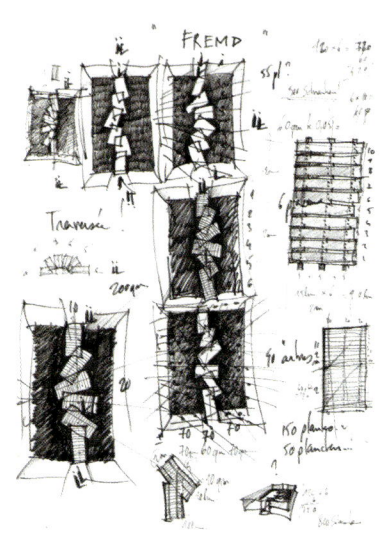

Gartenkabinett „fremd" – Holzplattformen, durch den Anstrich verfremdet, muteten wie Eisschollen an, die den Garten dieses Kabinettes durchschnitten. Fremde Pflanzen, unvertraut, tummelten sich auf der schwarzen Pflanzfläche und warfen beim Besucher die Frage auf, was Heimat eigentlich ist.

Die Planer und ausführenden Betriebe der Gartenkabinette:
„verspielt": Peter Busch, Rolf H. Liebertseder
„lebendig": 100 Landschaftsarchitektur Thilo Folkerts, Heiner Juhre Garten- und Landschaftsbau
„strukturiert": Ulrike Blank-Peters, Gartengestaltung Germann
„genussvoll": Martin Hauck, Clade - Garten und Landschaftbau
„schmeichelnd": RAIBLE. LandschaftsArchitekten + Ingenieure, Grün Garten- und Landschaftsbau GbR
wehrhaft": Bghplan Umweltplanung und Landschaftsarchitektur GmbH, Kempf 3 GmbH
„fremd": atelier le balto, Landschaftsarchitekten
„bizarr": Planungsbüro STEFAN LAPORT, Floratec GmbH & Co. KG Garten-und Landschaftsbau
„karg": OREL + HEIDRICH Landschaftsarchitekten, ALM Galabau
„zart": Petra Pelz, Werner Westenfelder GmbH Garten- und Landschaftsbau

Das Gartenkabinett „bizarr" – griff das Klima und die Geografie des Rheingrabens künstlerisch auf: 640 in ein Metallraster gepflanzte, gleichförmige Lebensbäume von ca. 55 cm Höhe standen für das homogene Klima Deutschlands. In der Rheinebene gerät das System aus der Ordnung. In der Folge veränderten sich die Abstände der Pflanzen untereinander. Die skulpturale Geschlossenheit der Komposition wandelte sich bei näherer Betrachtung in eine Vielzahl bizarrer Einzelelemente. Das Außergewöhnliche wird erkennbar, und dies aus jeder erdenklichen Perspektive.

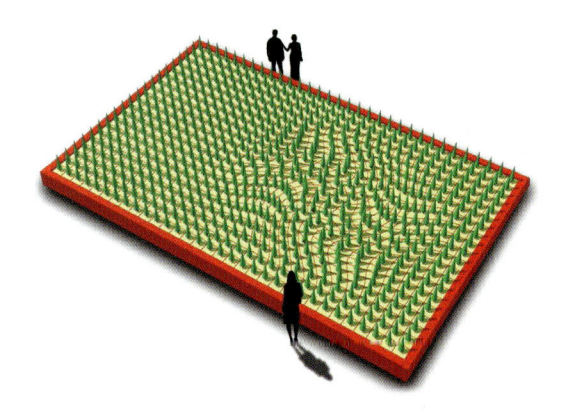

Gartenkabinett „karg" – hier zeigte sich, dass weniger oft mehr ist. Reduziert auf sparsamste Gestaltungsmittel offenbarte der Garten Räume, in denen man sich aufhalten möchte. Blickbeziehungen, jahreszeitliche Abfolgen in der Pflanzung durch verschiedene Aspekte von Treiben, Blühen, Fruchtstand, Sitzmöglichkeiten oder Wegeverbindungen und offene weite Flächen ergänzten sich zu einem Erlebnis von Ruhe und Ungestörtheit.

Gartenkabinett „zart" – Klare Form traf in diesem Kabinett auf Zartheit und hob diese noch hervor. Graziles Laub, diffuse Blütenschleier oder filigrane Blüten verwoben sich zu einem dezenten Geflecht und hoben sich von den schlichten Formen ab, die den Boden bildeten und der Grazie so einen Rahmen gaben.

Steinzeithaus

Nicht erst seit der Landesgartenschau leben Menschen in Landau und der Welt, nein, Jahrtausende zuvor waren unsere Ahnen bereits unterwegs, stets auf der Suche nach Nahrung und Sicherheit. So auch zur Zeit der Steinzeit, damals, als noch keiner ahnte, was es einmal so an Werkzeugen geben wird, wie z.B. Kettensägen, Laubbläser und dergleichen mehr.

Um 7 000 Jahre drehte das Museum Herxheim die Zeit zurück. Auf 316 Quadratmetern wurde ein Langhaus aus der Jungsteinzeit, mit Feuerstelle und Brunnen, so, wie von Archäologen ausgegraben, gebaut. Emmer und Einkorn, die Getreidesorten von denen die Bauern lebten, und Ölpflanzen wie Lein und Mohn gaben Auskunft über typische Nutzpflanzen jener längst vergangenen Zeit.

Wie heutzutage auch, gingen Baumaßnahmen nicht ohne Veränderung der Natur einher, schließlich mussten für den Bau des Langhauses Bäume gefällt werden. Die dabei anfallenden Arbeiten wurden durch Baumstümpfe, gespaltene Stämme und teilweise bearbeitetem Holz illustriert. So konnte der Betrachter alles in allem einen Eindruck davon erlangen, wie die älteste Bauernkultur der Region massiv in die Landschaft eingriff.

Der SÜWEGA-Garten

Auch der Vergangenheit wurde auf der Landesgartenschau 2015 gedacht: Als Erinnerung an das Vorbild, der „Südwestdeutschen Gartenbauausstellung" (SÜWEGA) im Jahr 1949, der ersten Gartenschau der Nachkriegsgeschichte, wurde ein 200 Quadratmeter großer Ausstellungsgarten im Stil der 1950er Jahre präsentiert.

Bereits Ende August 2012 zeichnete es sich ab, dass ein Ausstellungsbeitrag auf der Landesgartenschau sich mit der unvergessenen Südwestdeutschen Gartenbauausstellung 1949 in Landau, der „SÜWEGA", befassen sollte. Frank Hetzer, ehemaliger Leiter der Grünflächenabteilung, gut vertraut mit den wesentlichsten Einzelheiten der SÜWEGA, übernahm in ehrenamtlicher Funktion die Planung eines Erinnerungsgartens auf einer 200 qm großen Fläche im östlichen Ausstellungsbereich.

Bestimmendes Bauwerk ist das Gartenhaus, es wurde damals errichtet im Staudensondergarten der Fa. Kayser und Seibert, der damals bekanntesten Staudengärtnerei aus Roßdorf bei Darmstadt. Fast wie das Original, vergleicht man das Häuschen mit den vielen Bildern von damals, gedeckt mit Stroh, Vordach, runde Holzstützen, Kletterrose und Sandsteinplatten.

Direkt davor, sozusagen im Vorgarten, ein kleiner Springbrunnen mit rundem Wasserbecken, solche Wasserspiele zierten ja bis Mitte der 1990-er Jahre noch den Goethepark. Außerdem, auf einem gemauerten Sandsteinsockel, eine kleine Sandsteinfigur, ein panflötenspielender Knabe. Figuren dieser Art waren zahlreich auf der Ausstellung vertreten, sie stammten wohl aus der Majolica-Manufaktur in Karlsruhe. Entlang des Weges, auf der Ostseite, eine Anordnung von alten Vasen auf Sandsteinsockel, kombiniert mit hölzernen Blumenkästen. Diese waren damals zu finden entlang einer Böschung im Goethepark. Und dann die Bepflanzung, die sollte ja auch dem Geist der Zeit entsprechen: Serbische Fichten, Birken, Wacholder, Spierstrauch, Fiederberberitzen, Fächerahorn, Heidekraut. Lebensbaum und viele, damals beliebte Stauden wie z.B. Pampasgras, Rittersporn und Sonnenbraut vermittelten den Eindruck eines Gartens aus der Zeit „Anfang der Fünfziger". Pflanzung, Pflege und Betreuung des Gartens wurde ehrenamtlich mit außerordentlich engagierten Mitarbeitern der Grünflächenabteilung und Gärtnern des EWL gestemmt.

Am 16. Juli gedachte der Freundeskreis mit vielen Gästen des 66-jährigen Jubiläums der Eröffnung der SÜWEGA von 1949. Ein lockerer Empfang im Garten, mit Zeitzeugen und zahlreichen Interessierten an der Geschichte entlockte vielen Gästen bisher unbekannte Details zur Vergangenheit.

Am eindrucksvollsten jedoch erschien vielen das erstmals, seit Jahrzehnten, wieder angestimmte „SÜWEGA-Lied", Text und Noten waren noch rechtzeitig aufgetaucht.

Die Blumenhalle

Die Hallenschauen in der lichtdurchfluteten Panzerhalle bildeten einen weiteren, klassischen Höhepunkt der Landesgartenschau. In einem zehn bis 17-tägigen Wechsel wurden gärtnerische und florale Höchstleistungen wie ein Schaufenster des Schaffens präsentiert und machten die Welt des professionellen Gartenbaus und der kreativen Floristik zugänglich.

Von Klassikern wie Rosen und Dahlien über kunstvolle Blumenarrangements bis hin zu exotischen Berühmtheiten wie Bromelien und Orchideen hieß es, sich für Garten und Wohnung inspirieren zu lassen.

Genießen Sie auf den folgenden Seiten die überwältigende Blumen- und Pflanzenvielfalt und lassen Sie Ihre Erinnerungen Revue passieren.

Blumenhalle, Veranstaltungen

17.04. – 26.04. Auf die Plätze, fertig, los! – Startschuss zu 185 Tagen Blumenmarathon
17.04. – 03.05. Eröffnungsball – Von südpfälzischer Lebensfreude und blumigen Träumen
01.05. – 17.05. Grüne Köpfe im Frisörsalon – Bonsai, Formgehölze und Ikebana
14.05. – 25.05. Buntes Markttreiben – Querbeet durch aromatische Gemüsegärten und leuchtende Blumenfelder
22.05. – 07.06. Exotisches gegen Fernweh – Auf Expedition durch fremde Länder
04.06. – 21.06. Wohngemeinschaft Immergrün – So lebt es sich mit Zimmerpflanzen
18.06. – 29.06. Zarte Diva im Rüschenkleid – Die Rose lädt ein zum rauschenden Blütenball
28.06. – 12.07. Blicke über'n Gartenzaun – Des Nachbars gute Gaben
10.07. – 23.07. Lollipops und Wassereis – So blüht der Sommer
23.07. – 03.08. Alles Gute kommt von oben – Eine floristische Hängepartie
31.07. – 16.08. Zu Gast in der Toskana Deutschlands – Entdecken Sie die mediterrane Pflanzenvielfalt
14.08. – 27.08. Wir drehen am Kaleidoskop der Farben – Ein Bad im bunten Blütenmeer
27.08. – 11.09. Kratzbürsten laden ein zur Farbfiesta! – Kakteen und Sukkulenten zeigen sich von ihrer charmanten Seite
04.09. – 17.09. Pfälzischer Hüttenzauber – Wir zeigen Ihnen NATURtalente!
18.09. – 27.09. Landau lädt zum Blumenkorso – Ein Festival der Farben
24.09. – 04.10. Fruchtige Zwerge und süße Riesen – Leckereien fur Naschkatzen
02.10. – 18.10. Happy End! – Oktoberfest der Blüten
09.10. – 18.10. Abschlussball – Wir bitten zum Tanz der Blüten!

Grüne Köpfe im Frisörsalon –
Bonsai, Formgehölze und Ikebana

61

Kratzbürsten luden ein zur Farbfiesta! – Kakteen und Sukkulenten zeigten sich von ihrer charmanten Seite.

63

Blicke über'n Gartenzaun – Des Nachbars gute Gaben
Lollipops und Wassereis – So blüht der Sommer

Mediterrane Pflanzenvielfalt in der Pfalz

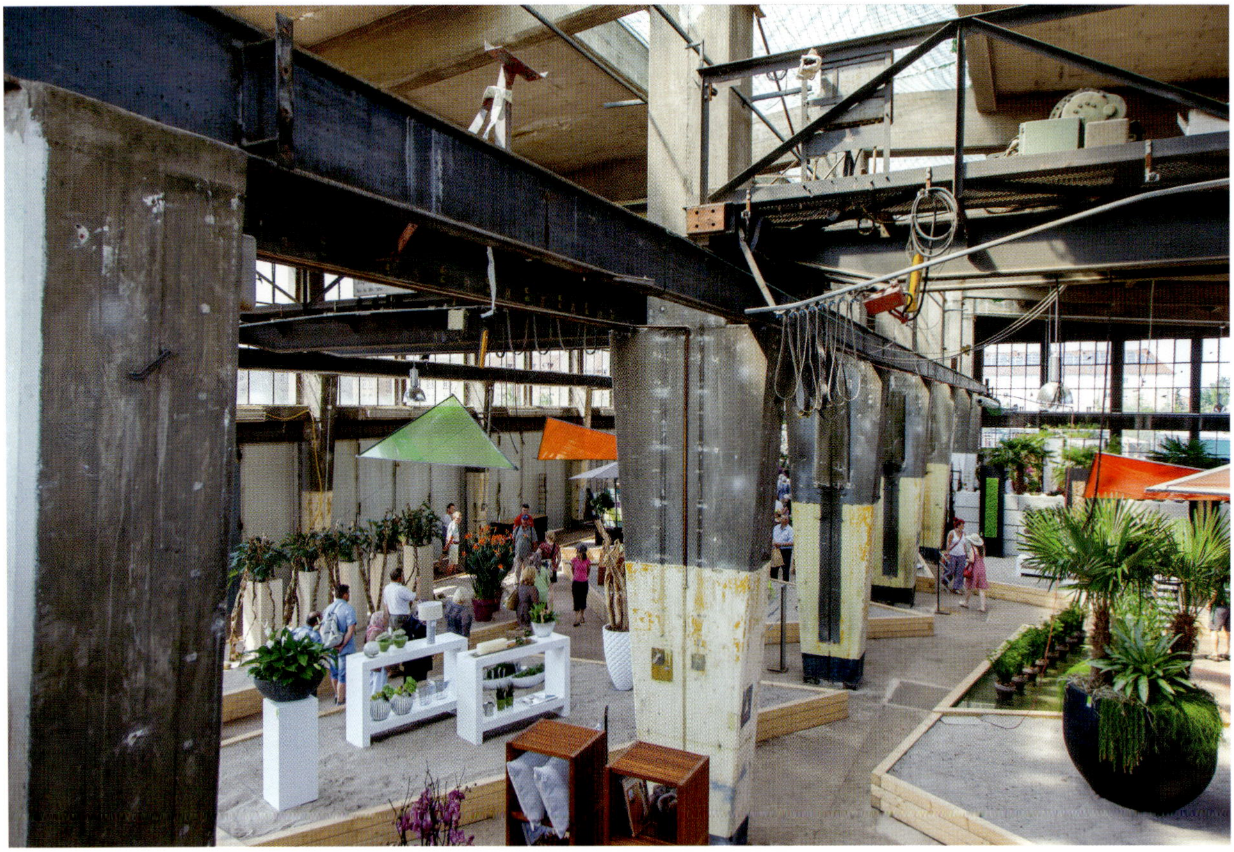

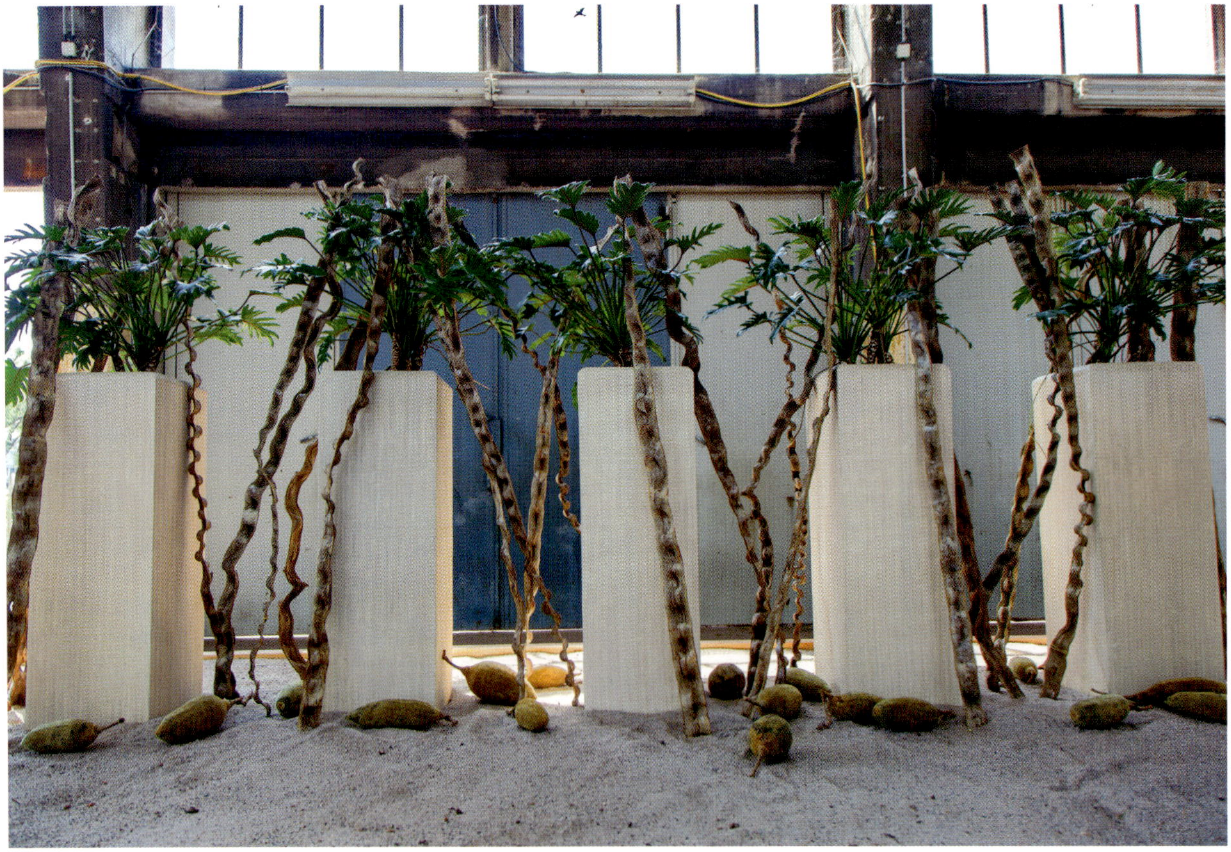

Alles Gute kommt von oben – Eine floristische Hängepartie!

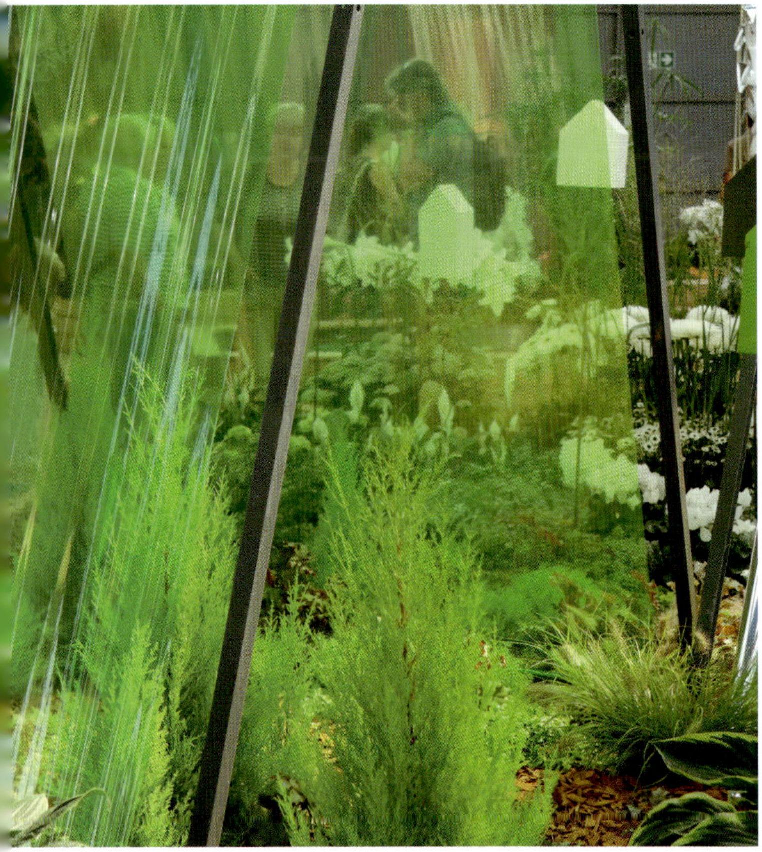

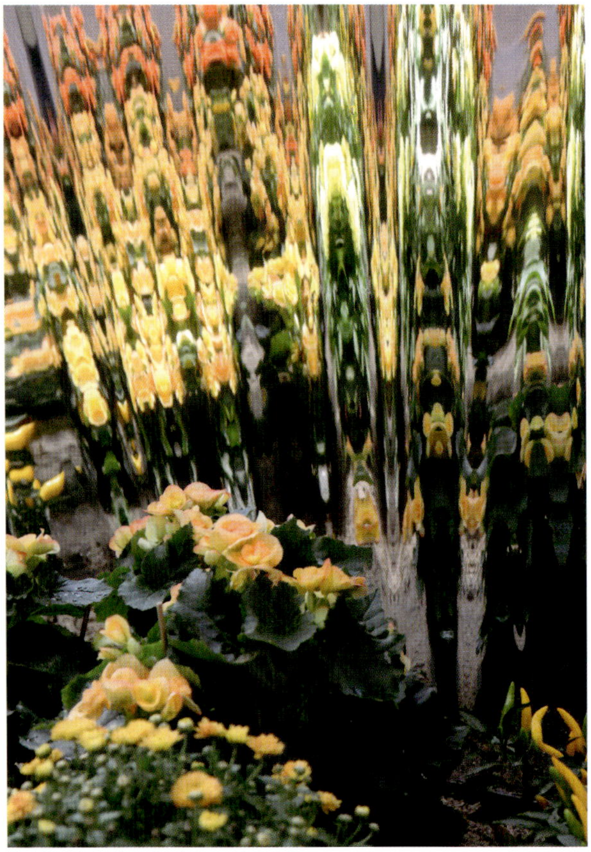

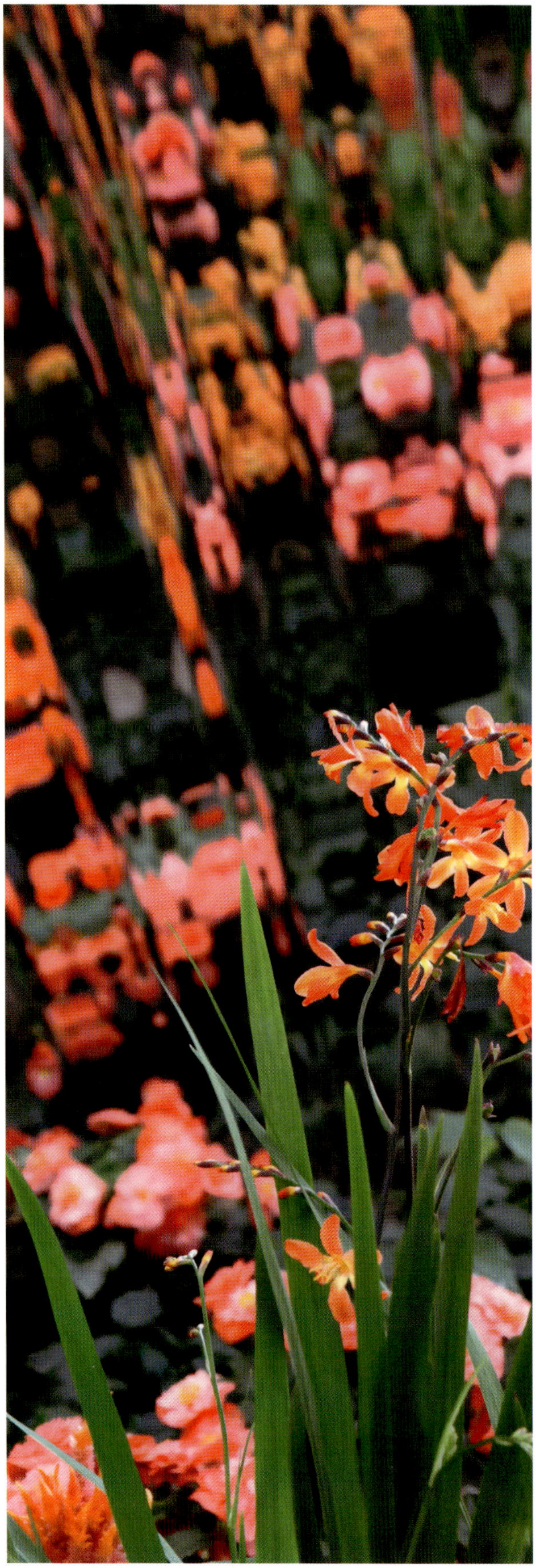

Wir drehen am Kaleidoskop der Farben ...

... ein Bad im bunten Blütenmeer

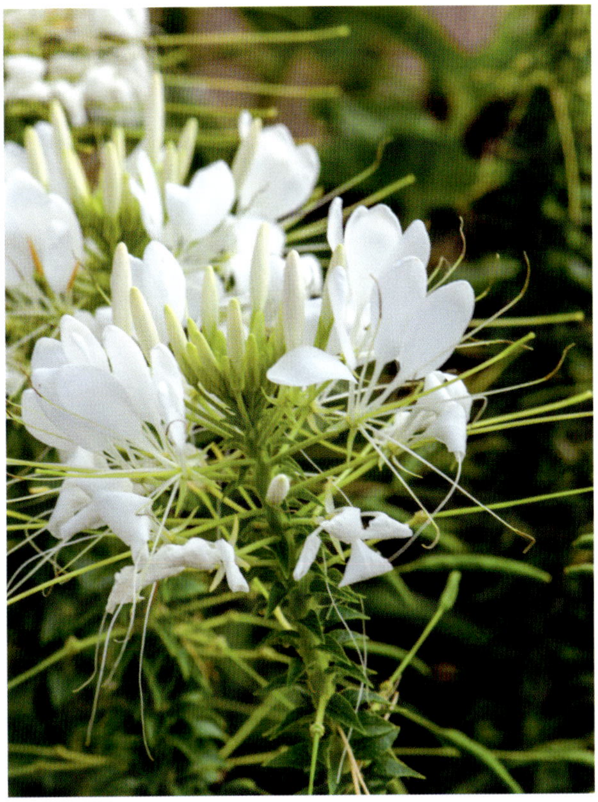

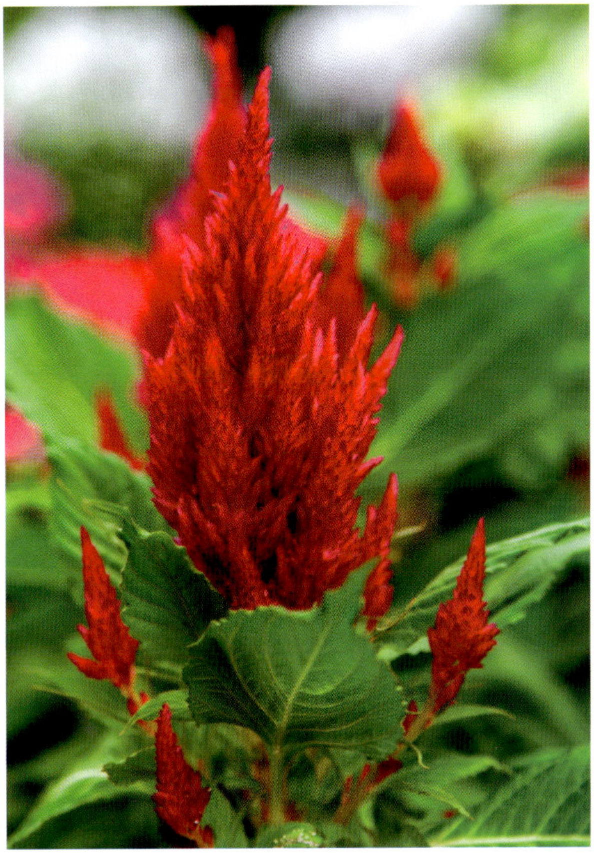

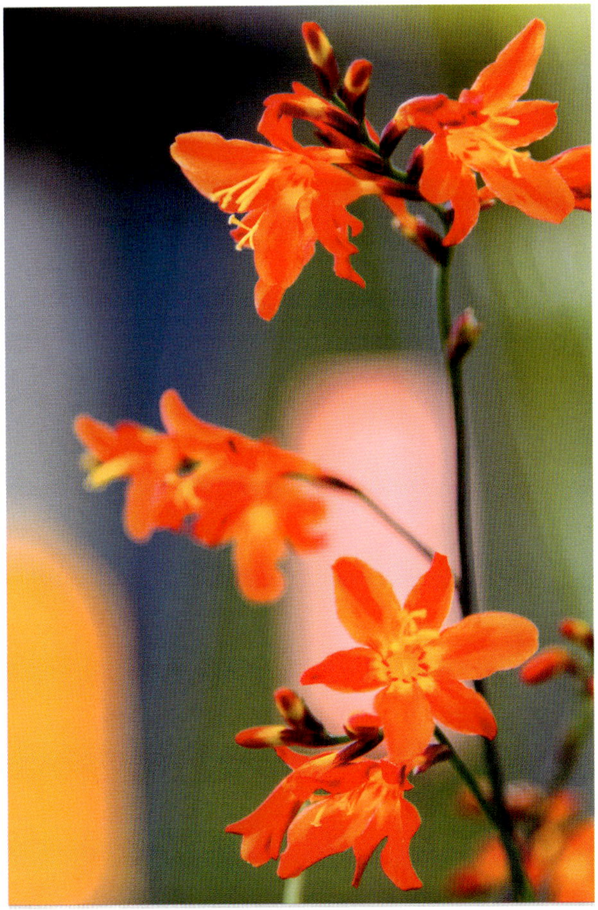

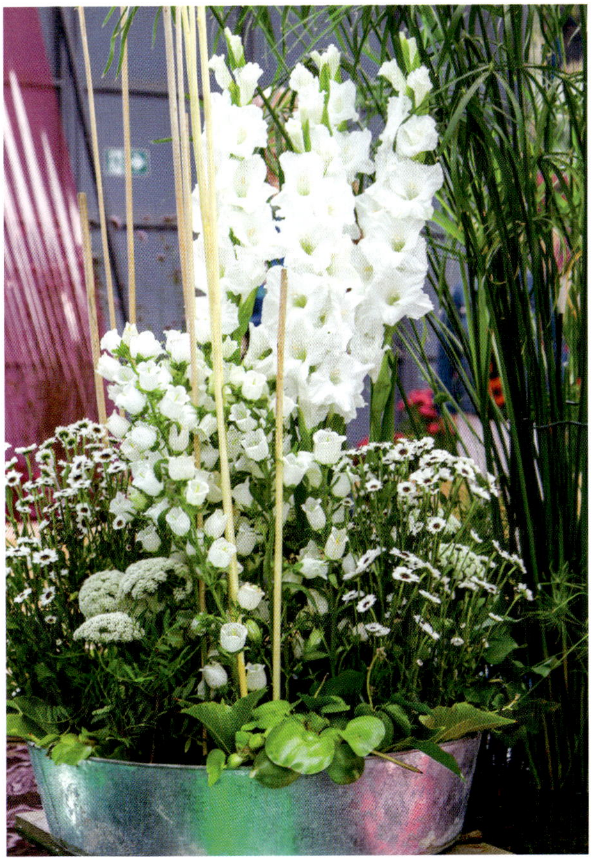

Zarte Diva im Rüschenkleid –
Die Rose lädt ein zum rauschenden Blütenball

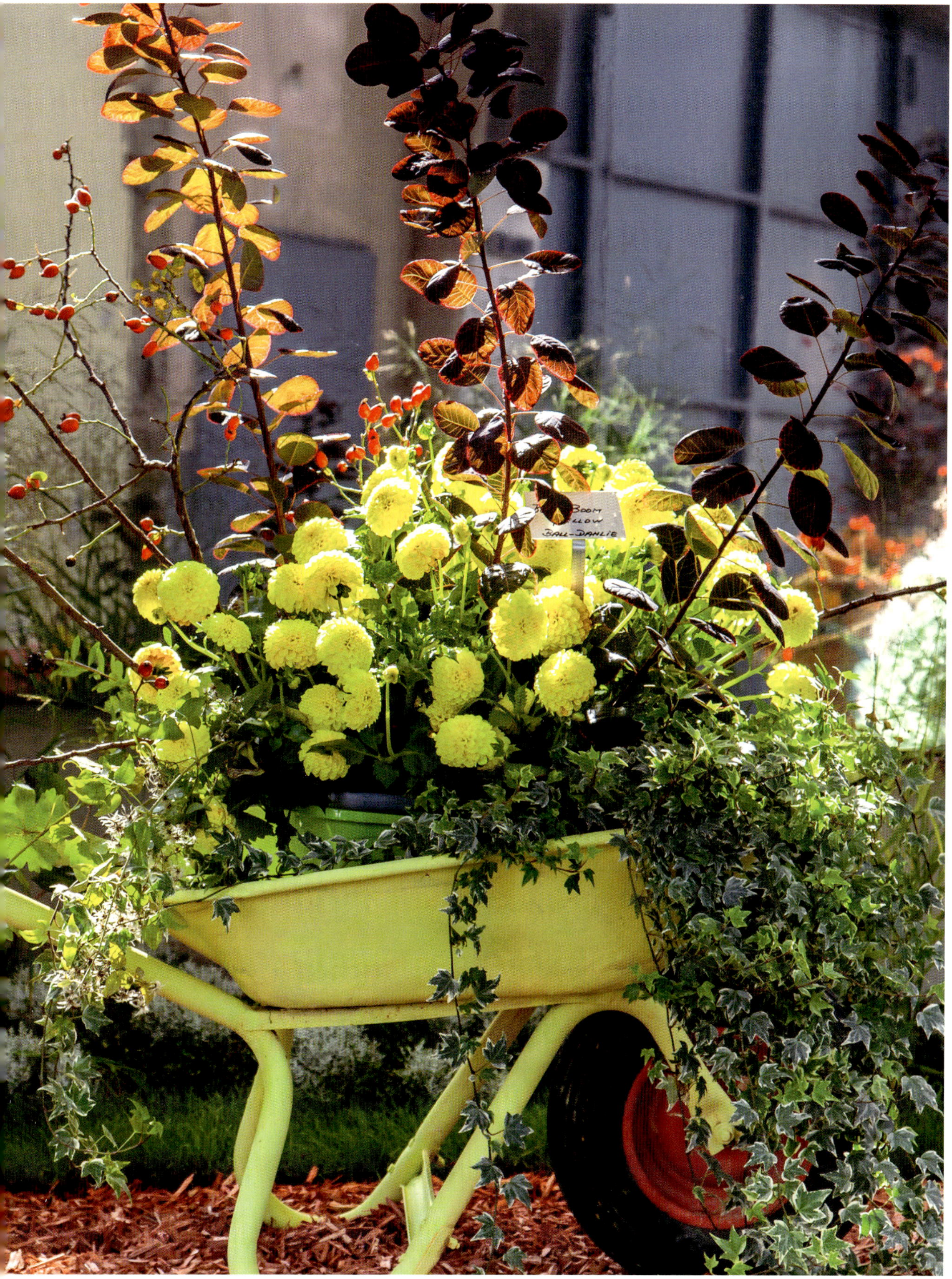
Boom
Ball-Dahlie

Fruchtige Zwerge und süße Riesen –
Leckereien für Naschkatzen

Happy End! – Oktoberfest der Blüten

Abschlussball – Wir bitten zum Tanz der Blüten!

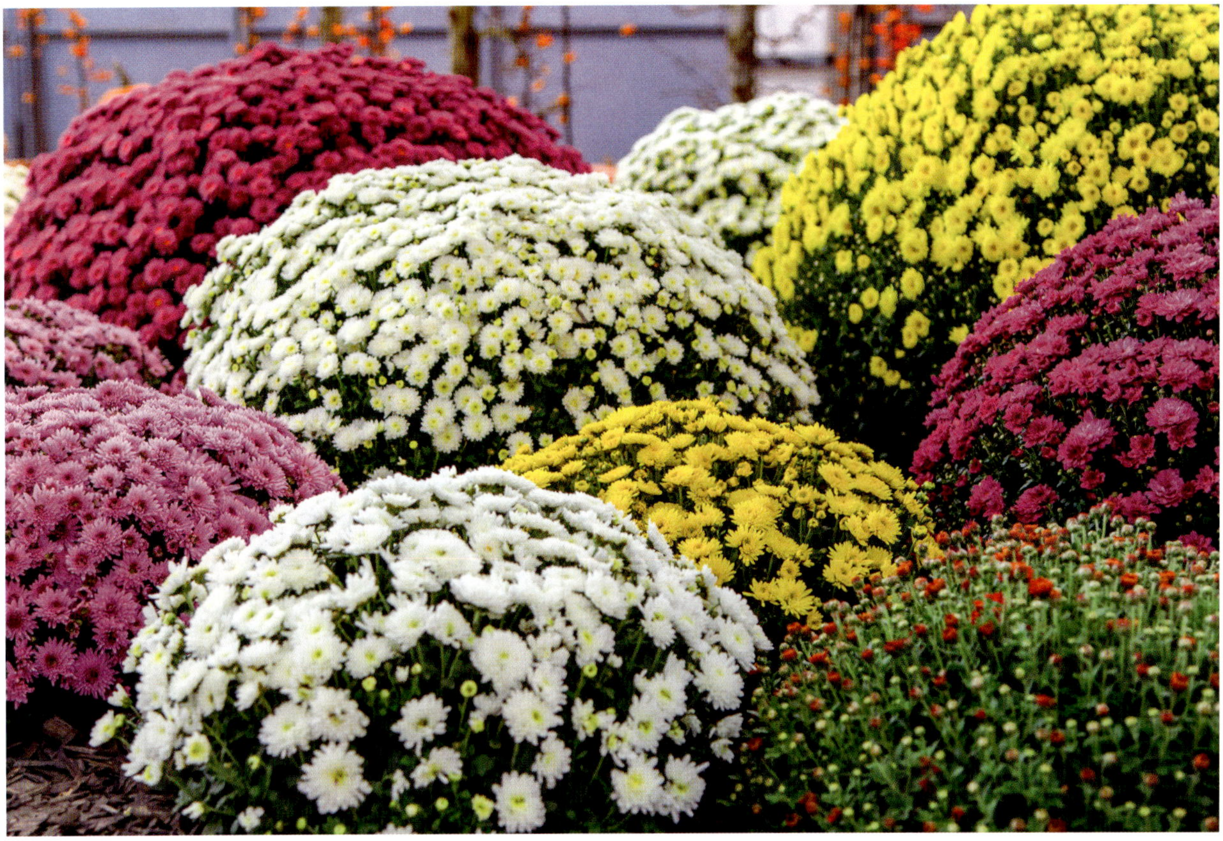

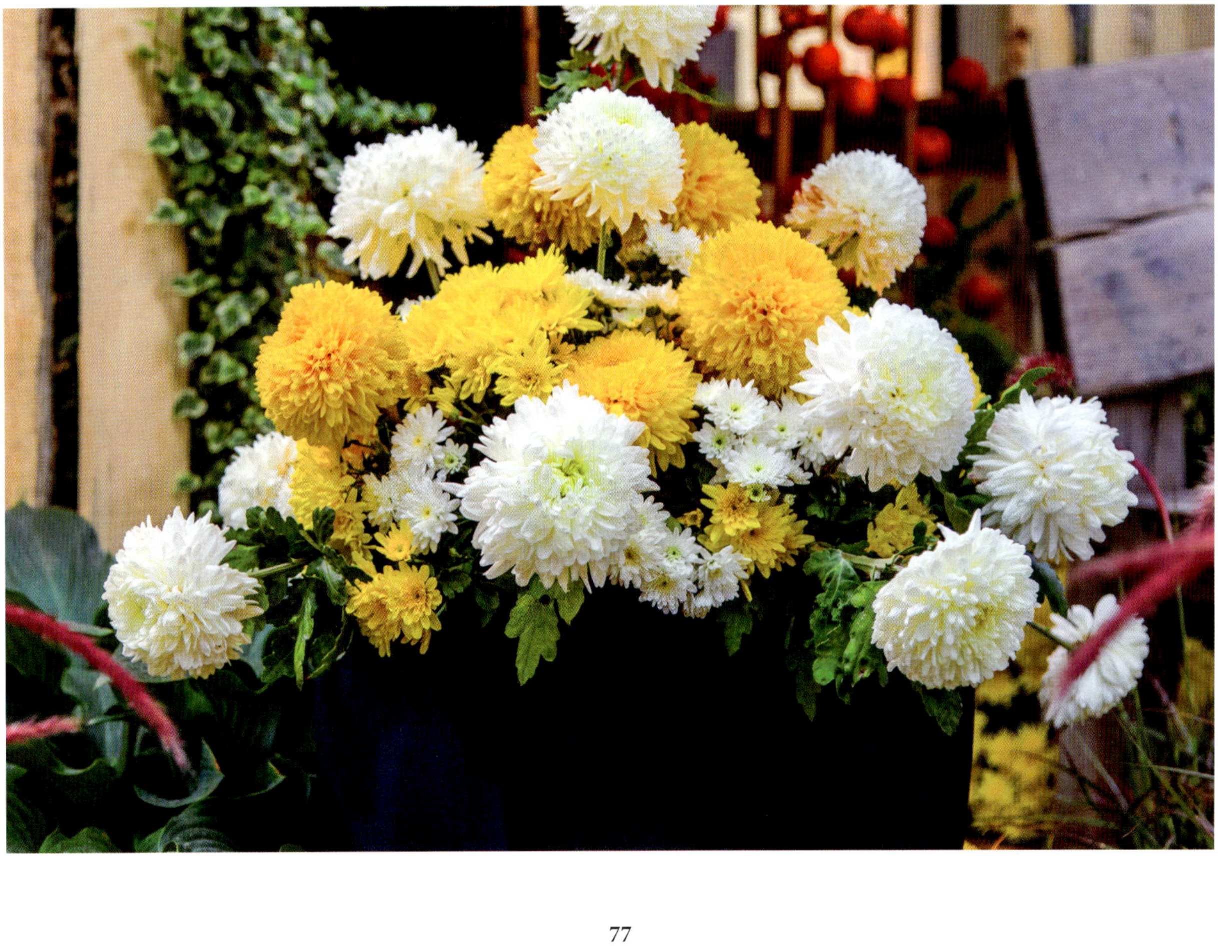

Das Dahlienlabyrinth

Mehr als 200 verschiedene Dahliensorten bildeten ein Labyrinth, einen bunten Schaugarten in der sich die Dahlie in einer Unzahl von Variationen zeigte. Im Herbst, der Hauptblütezeit der Dahlie, sorgt die Blütenpracht für noch mehr Ablenkung und Verwirrung, als ohnehin durch die Gestaltung schon gegeben: nicht jede Abzweigung führte direkt zum Ziel – manchmal musste der Besucher umkehren und eine neue Richtung finden. Also fast wie im richtigen Leben!

Neue Sorten entstehen nur durch die Vermehrung von Samen. Einfach im Herbst die Samenkapseln abschneiden, Ende Februar die Samen in Anzüchterde aussäen, die entstehenden Sämlinge topft man und pflanzt sie nach den Eisheiligen in die Beete. Sie wachsen noch im selben Jahr zu ganz normalen Dahlien heran und bilden Knollen.

Soweit recht einfach, nun aber kommt der schwierige Teil. Handelt es sich wirklich um eine neue Sorte? Ist das Exemplar gesund? Hält es die Farbe? Blüten über dem Laub? Stabile Stängel? Und so fort. Von 100 Sämlingen bleibt erfahrungsgemäß eine Pflanze übrig, die es wert ist weiter beobachtet zu werden.

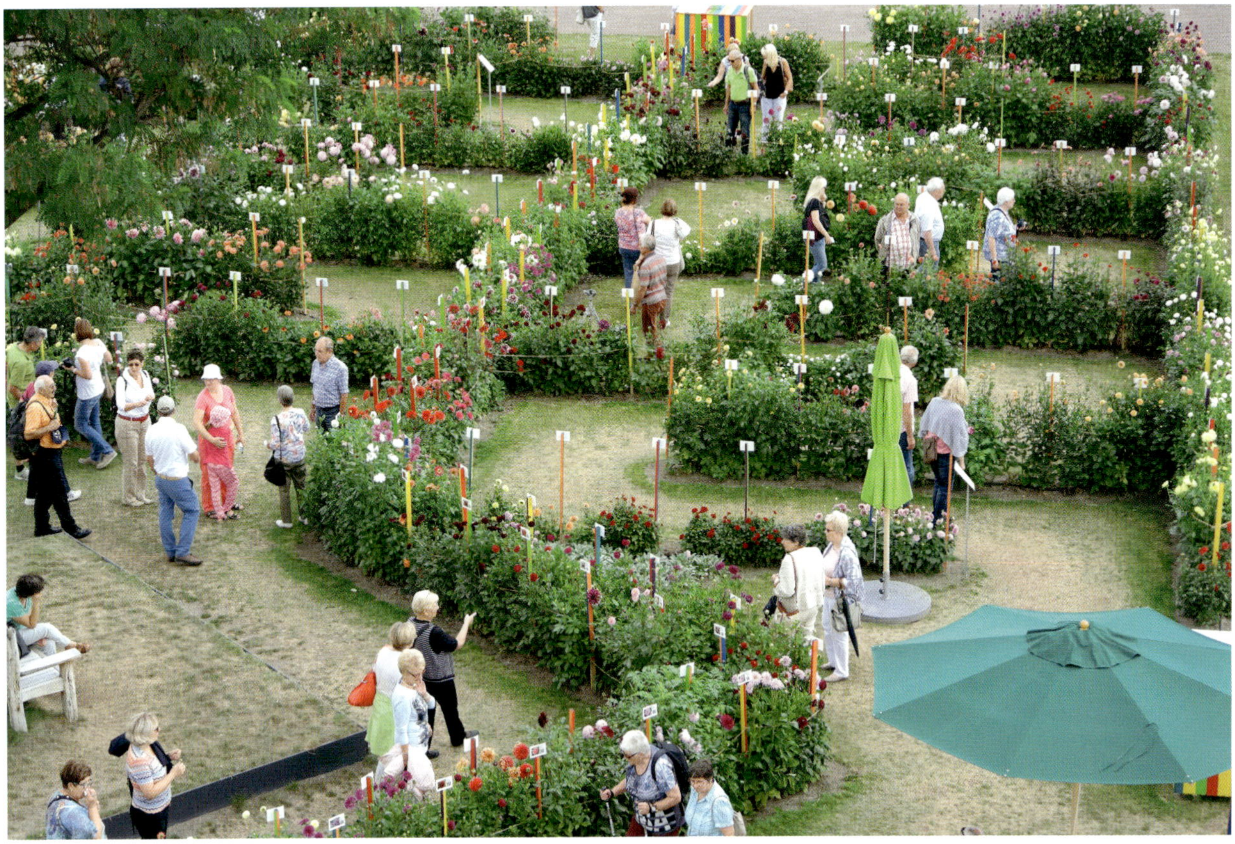

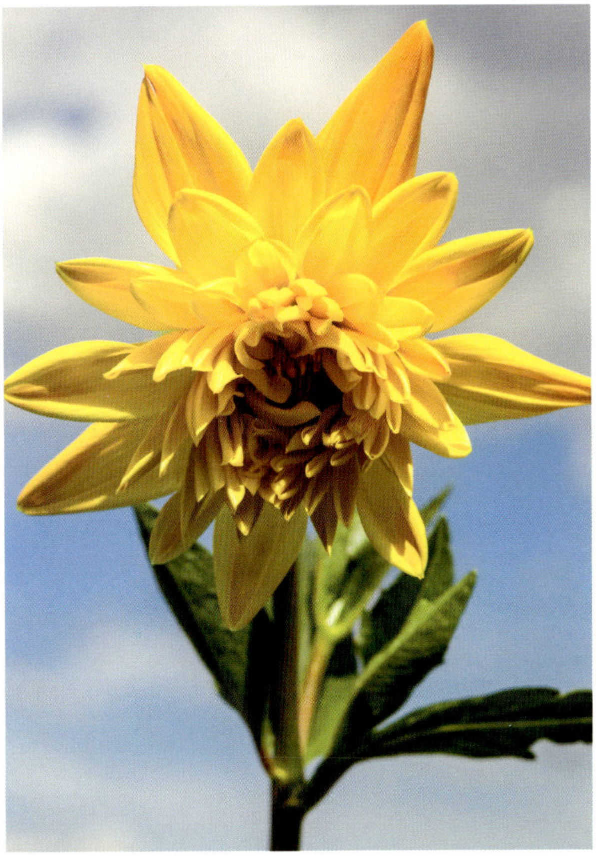

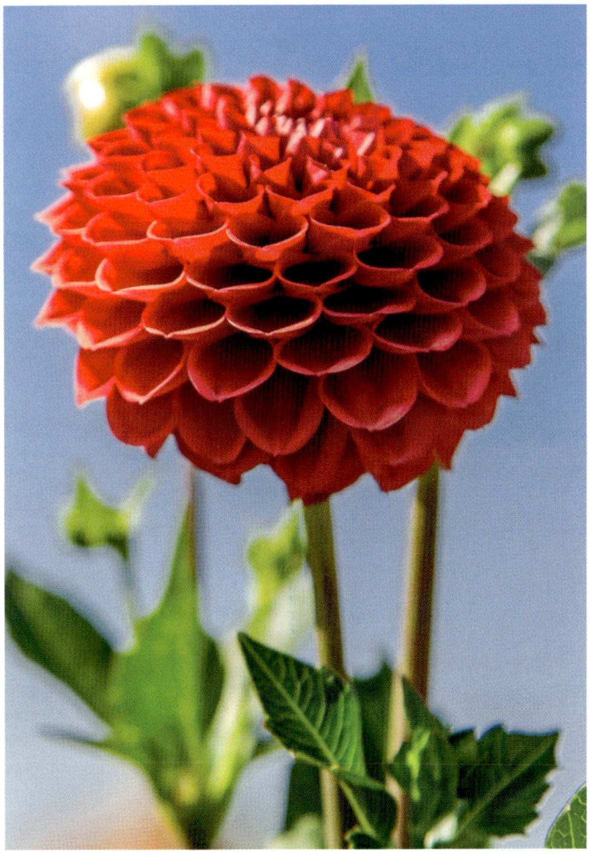

So war auch in Landau ein einzigartiges Farbspektakel garantiert, das seinen Höhepunkt im Herbst erreichte.

Die Besucher der Landesgartenschau konnten sich die Pflanzen auf dem Weg durch den Irrgarten nicht nur aus nächster Nähe ansehen und die vielen Farben auf sich wirken lassen. Vielmehr diente die Ausstellungsfläche von rund 1000 Quadratmetern auch dazu, sich von der Pflanzenvielfalt für den eigenen Garten inspirieren zu lassen. Es bestand die Möglichkeit, Dahliensorten direkt vor Ort zu bestellen. Der Gartenbaubetrieb Theo Gauweiler mit dem Schwerpunkt Dahlien und Sonnenblumen lieferte dann im folgenden Frühjahr pünktlich zur Pflanzzeit aus.

81

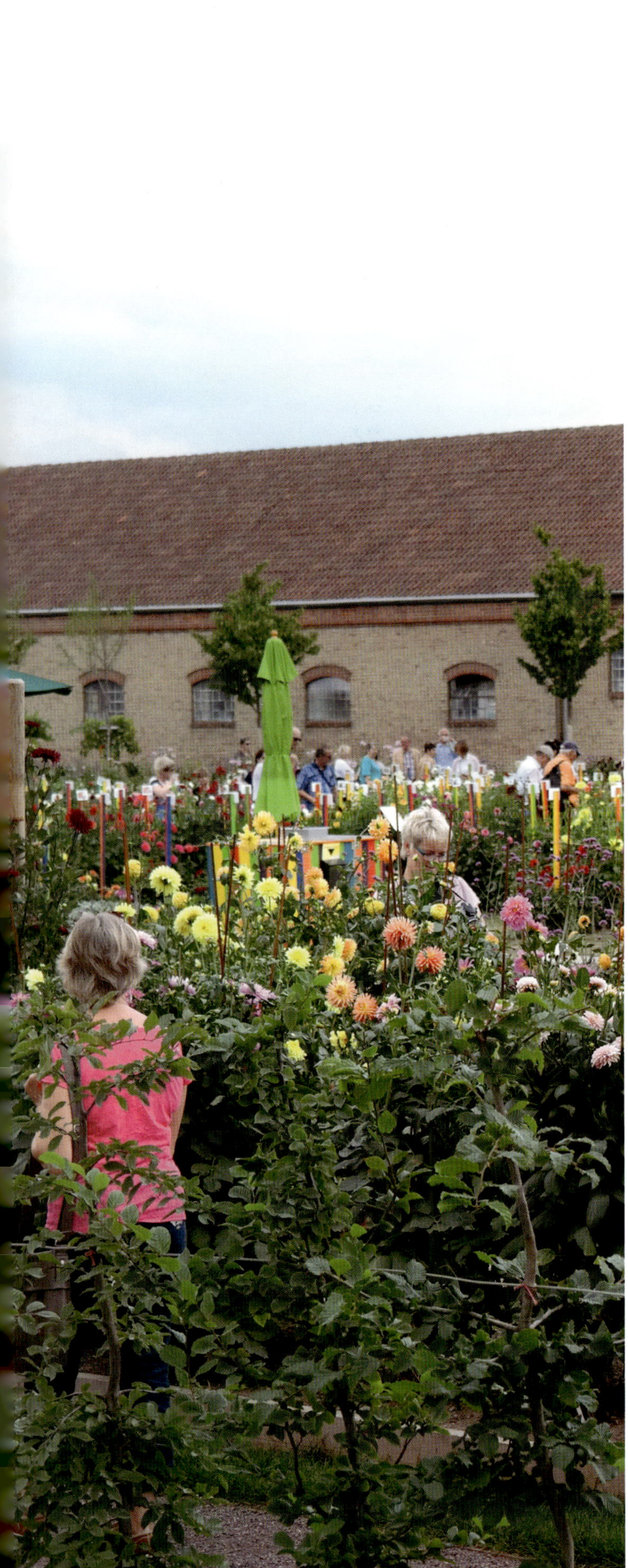

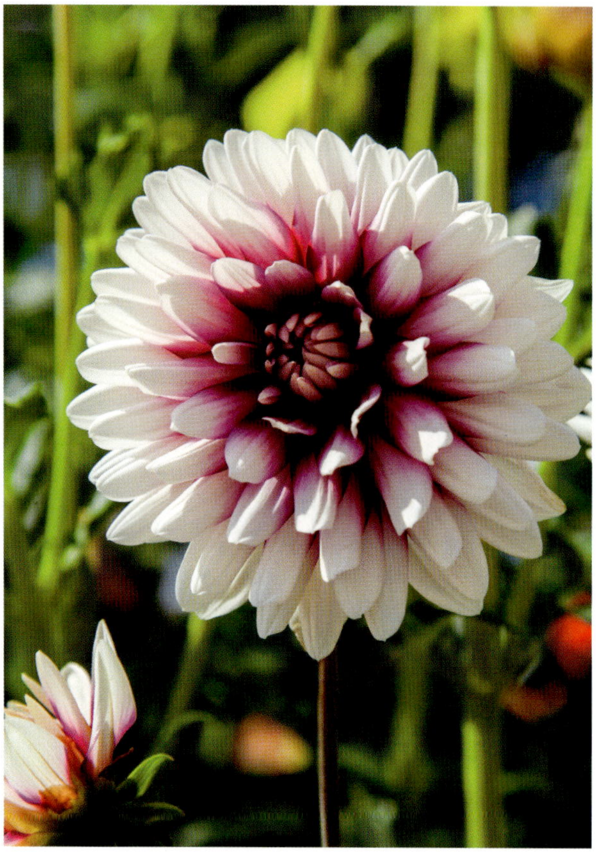

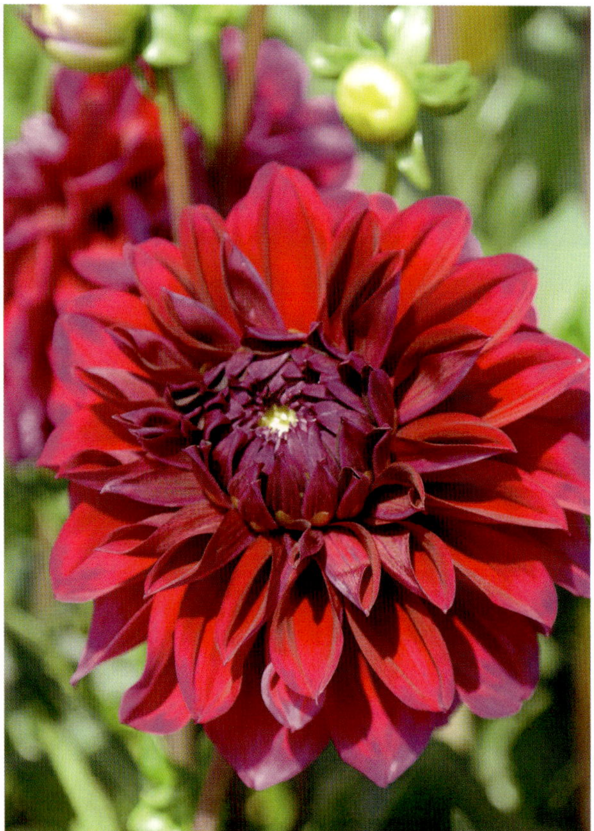

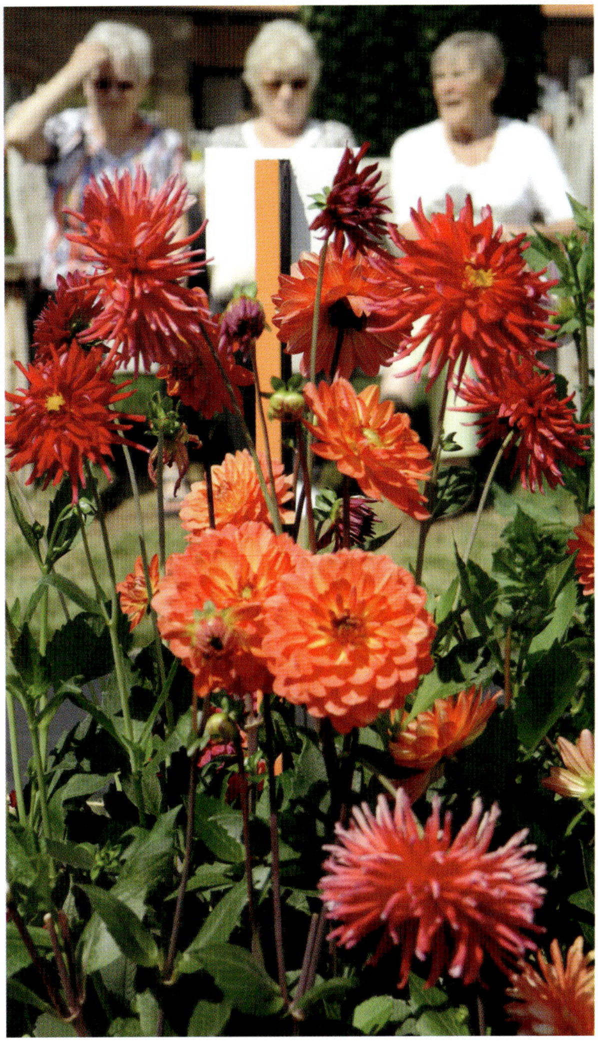

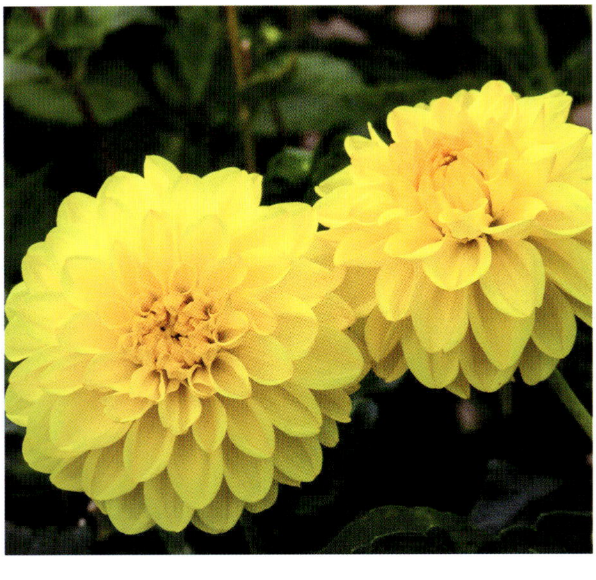

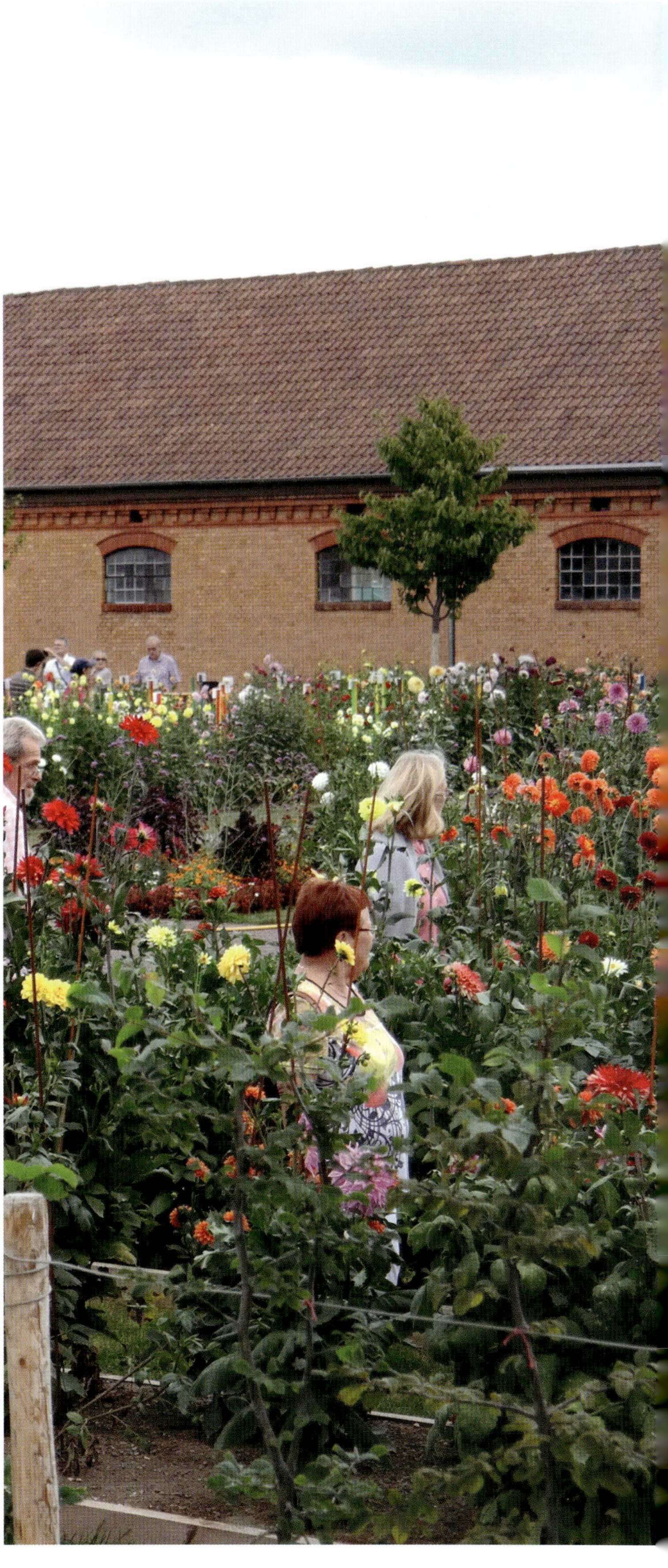

Doris Bodenseh, die gute „Dahlienfee" war regelmäßig frühmorgens im Dahlienlabyrinth unterwegs, um die Stauden zu binden, verblühte Dahlien auszuschneiden, die ganze Pracht für die Besucher und Betrachter neu aufzubereiten!

Die Dahlienkönigin

Eine florale Hoheit repräsentierte die Landesgartenschau über die Grenzen der Stadt und der Region hinweg: Als Dahlienkönigin hat die 23-jährige Magdalena Rehm der Landesgartenschau royalen Glanz verliehen. Die für die Weinregion Südpfalz typische Institution der Weinkönigin gab den Impuls, um mit der Gartenschau-Tradition eines Maskottchens zu brechen und mit der Dahlienkönigin, auch als Remineszenz an die Landauer Blumenkorsos mit ihren hunderttausend Dahlien, neue Wege der Repräsentation zu gehen. Der Freundeskreis unterstützte die Aktivitäten der Dahlienkönigin über die drei Jahre ihrer Amtszeit.

Der Landauer Blumenkorso

Am 13. September war es wieder soweit: Noch einmal, wie in den Jahren 1954 bis 1989 Jahr um Jahr, konnte ein Blumenkorso erlebt werden. Zwölf mit Dahlienblüten verzierte Festwagen brachten die zahlreichen Besucher zum Staunen. Über 200 000 Blüten sorgten für eine florale Pracht, die den alten Originalen in nichts nachstanden.

Das Korso-Geleit bildete eine Fußgruppe in Biedermeierkostümen mit historischen Kinderwagen und eine Gruppe Hexen mit drei kleinen Blumen-Wägelchen. Für die musikalische Untermalung sorgten Drehorgelspieler und zwei Musikkapellen.

Seit der SÜWEGA 1949 gehört die Dahlie zu Landau wie die Festung. Die Dahlie, diese aus Südamerika stammende Blume, verkörperte mit ihrer Farben- und Formenvielfalt die sich aus den Trümmern erhebende Stadt. Walter Morio, Bürgermeister in Landau von 1964 bis 1984, wurde gar zum Präsidenten der „Deutschen Dahlien- und Gladiolen-Gesellschaft" gewählt. Bis zu 20 Festwagen galt es in jenen Jahren zu schmücken, 1973 wurden über 350 000 Blüten verarbeitet. Tausende von Drahtstücken mussten per Hand zurechtgebogen werden, um die Blüten an den Maschendrahtgerüsten der Motive zu befestigen. An dieser Technik hat sich auch 2015 nichts geändert.

So ist es vor allen Dingen dem Freundeskreis zu verdanken, dass an diese alte Landauer Tradition erinnert werden konnte. Ohne die zahlreichen Helfer, die es für eine Reihe freiwilliger Arbeitseinsätze zu motivieren galt und die Organisation der nötigen finanziellen Mittel wäre der Korso 2015, diese Wiederbelebung der für Landau einst so wichtigen Veranstaltung, nicht möglich gewesen.

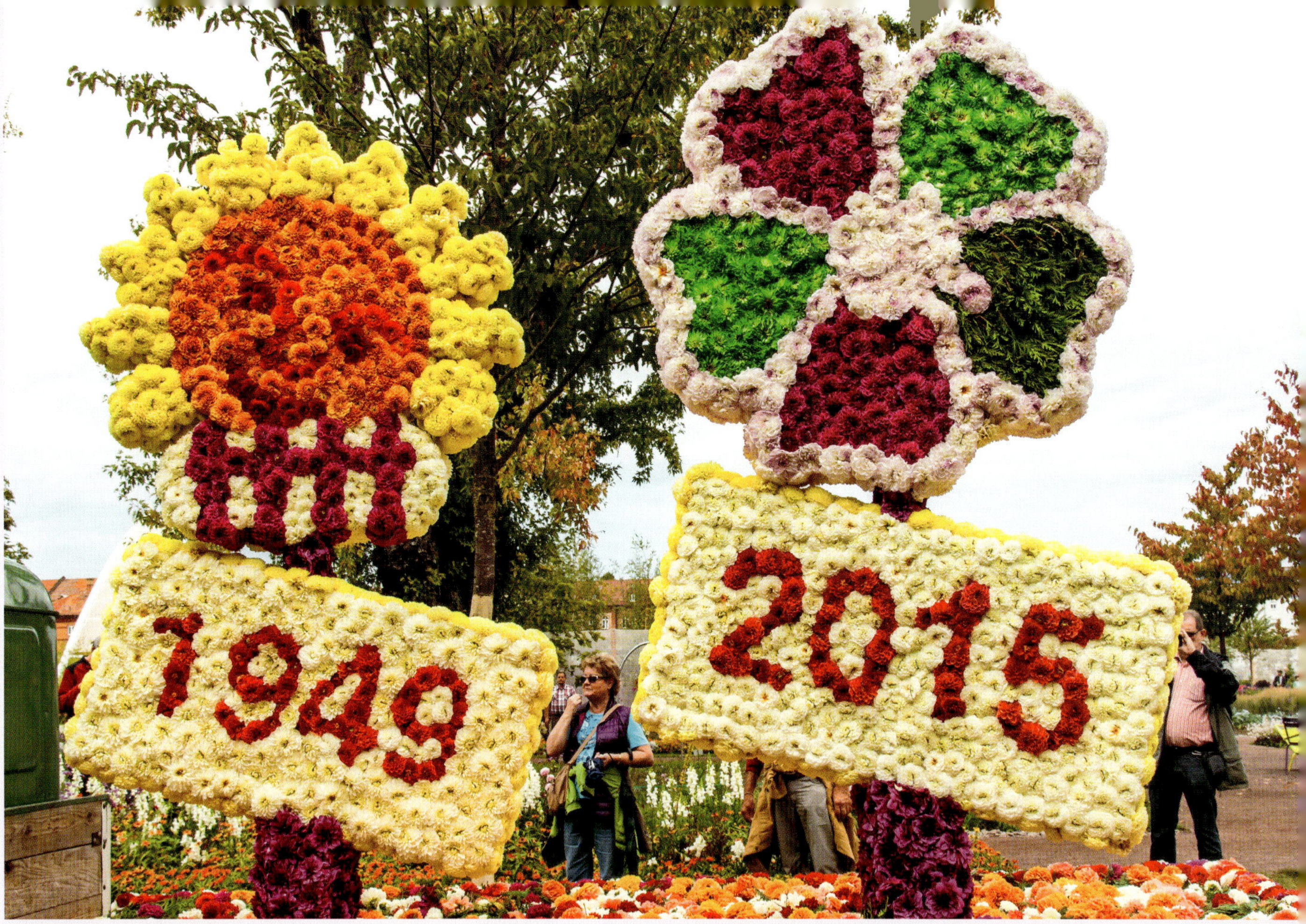
1949
2015

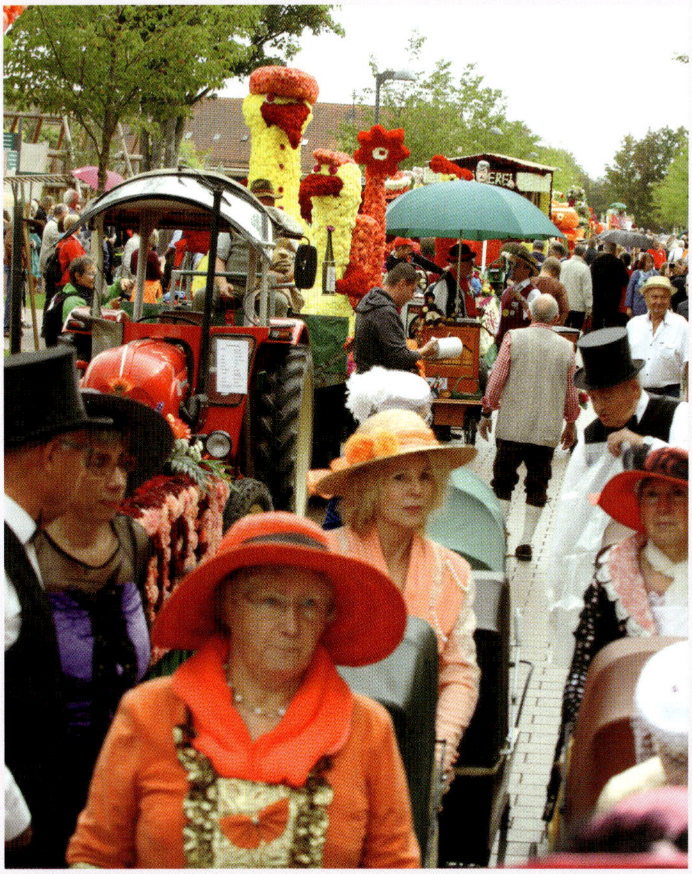

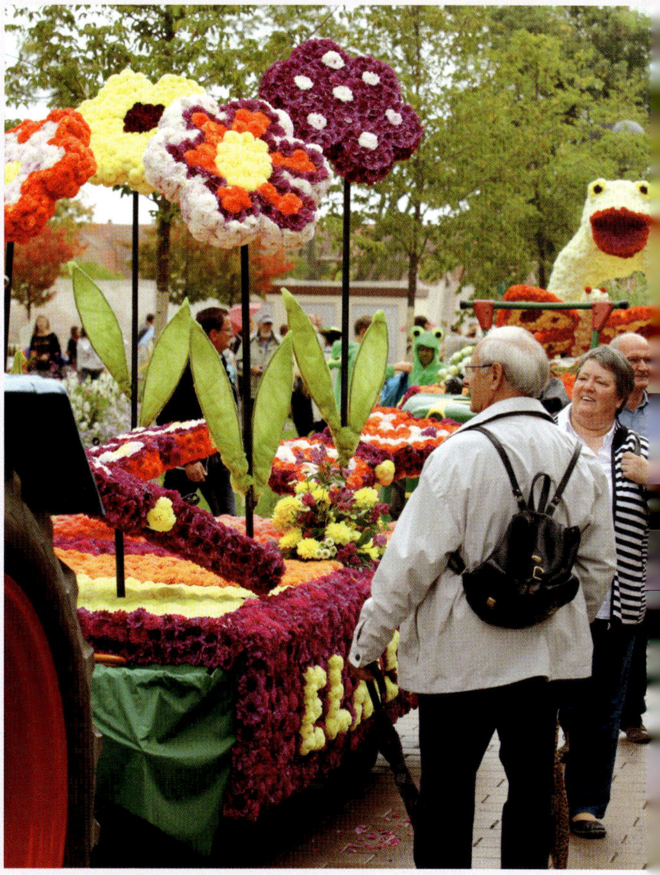

Die Rose

Wegen ihrer Schönheit, ihrem Liebreiz, aber auch weil man ihr nachsagt, dass sie empfindlich und überaus anspruchsvoll ist, trägt die Rose die Bezeichnung „Königin der Blumen". Im Beitrag „Die 'Königin' für Jedermann" des Verbandes der Gartenbauvereine Saarland/Rheinland-Pfalz und des Rosengartens Zweibrücken wurden die Schönheit und der Liebreiz der Rosen eindrücklich bestätigt.

Vehement entgegengetreten allerdings wurde dem Vorurteil, dass Rosen nur für Gartenprofis geeignet wären. So wurden Beet- und Edelrosen ebenso wie Strauch- und Kletterrosen, die (fast) jeden Garten zieren können, gezeigt.

Auch an der „Königin der Blumen" gehen die modernen Zeiten nicht vorbei: So zimperlich wie in vergangen Zeiten sind sie nicht mehr. Der Rosenbeitrag zeigte, was die Züchter heute an robusten und weniger empfindlichen Arten und Sorten zu bieten haben – und die Auswahl ist groß! Umspielt wurden diese Rosen von einer Auswahl sommerlicher und herbstlicher Stauden – denn was ist eine „Königin" ohne Hofstaat?

89

Die Gärten der Pfalz

Entlang der Nord-Süd-Achse, der „grünen Rampe" wurden Themengärten angelegt, die auch nach der Landesgartenschau die Abfolge der Kulturlandschaft von der Rheinebene mit Industrie über die differenzierten Kulturlandschaften bis zu den Höhenlagen des Pfälzer Waldes stilisieren.

Waldgarten

Unter dem schattenspendenden Blätterdach dreier Esskastinenbäume zeigen geschichtete Holzstapel von verschiedenen Bäumen die Vielfalt des Pfälzer Waldes. Zwischen den Stapeln sind Staudenflächen aus typischen Waldstauden wie Farne und Simse, die je nach sonniger oder schattiger Lage eine andere pflanzensoziologische Ausprägung aufweisen.

Tabakgarten

Zentrales Element dieses Gartens ist die Holzpergola, die an die Tabaktrockengerüste erinnert. Der dunkelbraune Holzschnitzelbelag unterstreicht den Tabakcharakter und ein großes Beet mit Ziertabak gibt eine Vorstellung von den großen Feldern des traditionellen Tabakanbaus in der Pfalz.

Weingarten

In diesem Garten scheinen die Reben, sonst in Reih' und Glied die Südpfälzer Region prägend, aus der Reihe zu tanzen, einer höheren Ordnung wohl gehorchend. So braucht es eine Weile, den Rebgarten zu entdecken: Die ungewöhnliche Anordnung gewährt einen Blick auf Neues.

Sandgarten

Die fast fernöstliche Ausprägung dieses Gartens überrascht und eine kleine Gruppe von Judasbäumen lädt zum Verweilen im kühlenden Sommerschatten ein. Die anfänglich strenge farbliche Trennung, durch Sandsteine aus dem Kasernengelände als Grenze gestaltet, wird sich durch die Benutzung wohl auflösen, grau und rot fließen dann ineinander und verwischen die Scheidelinie.

Mandelgarten

Im Baumkarré aus neun Mandelbäumen, gerahmt durch eine Wildblumenwiese, laden die Trittplatten, eingebettet in einen Belag aus Mandelschalen, zu einem Gang durch den schattigen Hain ein. Auf den kuriosen rosa Sitzmandeln lässt sich gut Verweilen und – wenn die Zeit der Mandelblüte gekommen ist – die zartrosa Blüten bestaunen.

Trockenrasengarten

Ein Trockenrasengarten darf „Am Ebenberg", einem Naturschutzgebiet von überregionaler Bedeutung, nicht fehlen. Durch die Nutzung als Truppenübungsplatz konnte sich diese Biotopstruktur in unmittelbarer Nachbarschaft etablieren und jahrelang halten. Die zunehmende Verbuschung wird durch Schafe und Umbruchmaßnahmen aufgehalten und so dieser Landschaftsraum erhalten.

Ölgarten

Wie von einem anderen Stern mutet dieser Garten an, der Industrie und Ölförderung in der Pfalz zum Ausdruck bringt.

Gemüsegarten

Die Pfalz zeichnet zum einen der Weinanbau aus, doch auch der Gemüseanbau ist eine wesentliche Agrarform der Region. Durch die Gemüsereihen führt ein Trittplattenweg, kleinere Wege aus Rheinkies erschließen den Garten zusätzlich und helfen bei der Ernte.

Industriegarten

Das Netz aus Sechseckigen Waben erinnert an die Darstellung von chemischen Verbindungen, benutzt in der Chemie- und Pharmaindustrie. Weiße Sitzhocker laden zum Verweilen ein und in einigen Waben finden sich üppig wachsende Stauden.

Hier kann man sich schön ausruhen... Auf dem roten, warmen Sandstein.

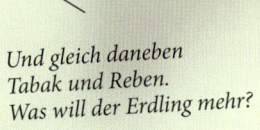

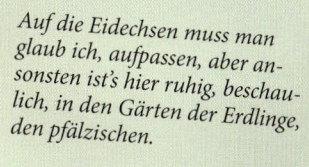

Auf die Eidechsen muss man glaub ich, aufpassen, aber ansonsten ist's hier ruhig, beschaulich, in den Gärten der Erdlinge, den pfälzischen.

Und gleich daneben Tabak und Reben. Was will der Erdling mehr?

Und warum wollen sie dann immer von hier weg in Urlaub, und schwärmen von der Toskana, der italienischen? Wo doch mittlerweile immer mehr Besucher in die Pfalz kommen wollen!

Die kommen wegen der Landschaft und dem Wein. Die Winzer nennen ihren Wein übrigens den „Rotliegenden", wenn die Reben an den Hängen des Haardtrandes auf rotem Sandstein wurzeln.

Und der Rotkohl? Wächst der vielleicht auch auf rotem Sandstein? Bist Du unter die „Weinkenner" geraten? Ich für meinen Teil bleib beim Honig, dem goldenen!

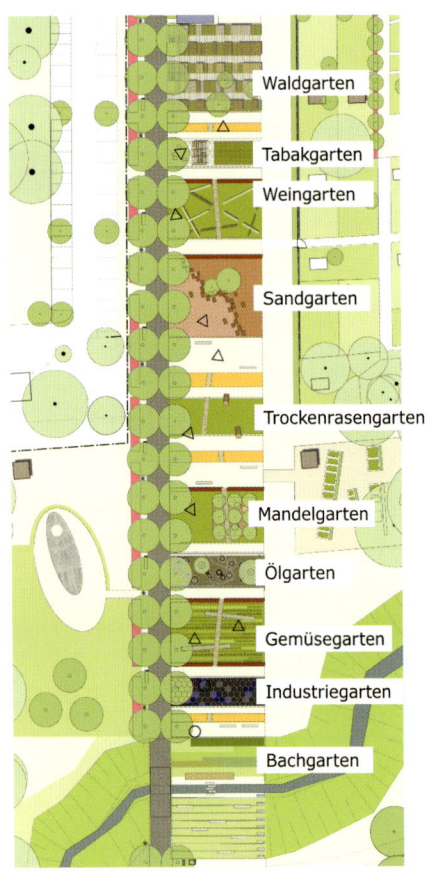

Bachgarten

Angrenzend an den renaturierten und in sein altes Bett verlegten Birnbach säumen typische Uferpflanzen den Weg des Wassers. Nach starken Regenfällen flutet der mitunter unscheinbare Birnbach den gesamten Bereich des breiten, mit Rheinkies ausgelegten Bachbettes und füllt den Garten mit Schwemmmaterial und mitgeführten Ästen.

Friedhofskultur

Auch beim Umgang mit Verstorbenen zeigt sich das Selbstverständnis einer Gesellschaft sehr deutlich, in ihrer Bestattungskultur spiegeln sich die kulturellen und damit gesellschaftlichen Werte. Für den Einzelnen, der trauert, ist ein fester Ort notwendig, an dem die Erinnerung gepflegt werden kann. Bei der Überwindung von Abschied und Schmerz kann die schmückende Gestaltung und regelmäßige Pflege eines Grabes helfen. Die Funktion eines Friedhofes ist zunächst die angemessene Bestattung Verblichener, doch er ist auch ein Ort für die Lebenden, eine Stätte der Begegnung, grüner Lebensraum, und auch ein Platz der Trauer, der Ruhe, der Besinnung.

Neben der Darstellung des modernen Standards der Friedhofskultur wurde auch eine neue Begräbnisform vorgestellt: Ein Memoriam-Garten ist Teil eines Friedhofs, der wie ein kleiner Garten gestaltet ist, in den die Gräber integriert sind. Die Pflege des Gartens und damit der Gräber übernehmen qualifizierte Friedhofsgärtner.

Interkulturelle Kleingartenanlage

Die ganz große Welt friedlich vereint auf 28 Parzellen – der interkulturelle Garten, 2013 entstanden und auch nach der Landesgartenschau ein Ort zur Förderung der vorbehaltlosen Begegnung, des kooperativen Miteinanders und des vielfältigen Austauschs zwischen den Kulturen.

Ein Garten ist ein Ort der Begegnung – mit der Natur, mit den eigenen Wünschen und Erwartungen, mit anderen Menschen. In Landau leben Menschen aus 108 Nationen, deshalb initiierten der Verein Leben und Kultur und die Initiative zur Förderung deutsch-ausländischer Begegnungen e. V. hier einen interkulturellen Garten. Menschen aus 17 Nationen verwirklichen hier ihre Ideen vom Garten, freilich nicht ohne sich dabei Rat und Hilfe von ihren Mitgärtnern zu holen.

In zwei Gartenhäusern werden die gemeinschaftlich genutzten Gartengeräte gelagert und auf der Gemeinschaftsfläche gibt es Platz zum Feiern, miteinander Reden und Spielen.

Kleingartenanlage

Um einen großen alten Walnussbaum gruppieren sich 34 Parzellen der neuen Kleingartenanlage im Süden der Stadt, der die Lücke zwischen Wohngebiet und Landschaftsschutzgebiet schließt, im Grunde eine Brücke baut von Natur zu Kultur. Der biologisch-ökologische Gartenbau ist wie die Vorgaben zu einer modernen Gestaltung der Gartenlauben fest in der Gartenordnung verankert. So wird ein harmonisches und stimmiges Gesamtbild der Anlage als auch die Stimmigkeit zum Umfeld garantiert und der Schutzgedanke integriert.

Menschen verschiedenster Kulturen, aller Altersgruppen und sozialer Schichten, haben sich in einem gemeinnützigen Verein organisiert, um sich einer sinnstiftenden und naturverbundenen Freizeitbeschäftigung zu widmen. Das sehr niedrige Durchschnittsalter der Mitglieder und der gemeinschaftlich angelegte Kinderspielplatz unterstreichen die große Familien- und Kinderfreundlichkeit dieser Gemeinschaft.

Sportanlagen

Die Spiel- und Freizeitanlagen sind auf dem Gelände des ehemaligen Kohlelagers eingerichtet. Durch die behutsame Integration einzelner Nutzungen bleibt die landschaftsästhetische und ökologische Qualität des Kohlelagers erlebbar.

Das Sportgelände konzentriert sich um eine Sporthalle und einen eingezäunten Bereich mit Kunstrasenspielfeld und zusätzlichem Trainingsplatz aus Kunstrasen. Das Spielfeld verfügt über eine Beleuchtung, die für lokale Spiele und Training ausgelegt ist.

Am westlichen Rand des Kohlelagers verdichten sich die Sukzessionsstreifen zu einem dichten, gärtnerischen Auftakt. Leicht erhöhte Wege ziehen sich zwischen den erhaltenen Gehölzen durch das Areal und zeichnen die lineare Gleisstruktur als unterbrochenes Wegesystem nach. Trittsteine aus Beton bilden die Querverbindungen zwischen den verspringenden Längswegen. Ein breiter Rundweg aus Asphalt rahmt das Gelände, indem er die Form der ehemaligen Anlage nachzeichnet. Er dient verschiedensten Fortbewegungsarten.

Die vorhandene und neu entwickelnde Vegetation zieht sich streifenförmig zwischen den Wegestrukturen durch das Gelände. Sie verdichtet sich an den Enden und reißt in der Mitte immer wieder auf; die ausgelichtete Bestandsvegetation wird vereinzelt durch Birken ergänzt.

In den ausgedünnten Bereichen der Schotterfläche setzen drei Spielbereiche besondere Akzente. In ihrer robusten Ausgestaltung, insbesondere durch den Baustoff Holz, beziehen sie sich auf die historische Nutzung als Gleis- und Lagerfläche. Die Materialeinheit Holz verleiht den Objekten einen thematischen Zusammenhang. Im Vordergrund stehen die Themen: Lagern, Stapeln, Haufen, Fördern und Transportieren aus denen sich in unterschiedlichen Interpretationen die Spielplätze entwickeln. Ergänzt werden diese durch Objekte aus Edelstahl, Gummi und Netzen.

Ein Spielsandbereich mit „Rutschrampe" als Kletterpodest mit zwei unterschiedlich hohen Metallrutschen und verschiedenen Ebenen und Kletterelementen dient insbesondere für kleinere Kinder als zentraler Spielbereich nahe der Außengastronomie. Ein vor dem Gerüst liegender „Kohlehaufen" aus schwarzer Netzpyramide kann zusätzlich beklettert werden. Eine kleine Betonrinne mit Wasserspender kann als Matschplatz von den Kindern zum Spiel genutzt werden.

Der zweite Bereich mit „Kletterstapel" funktioniert als vielfältiger Geschicklichkeitsparcour aus aneinandergereihten, gestapelten Holzkisten: zum Hochklettern, Springen, Hangeln, Durchkriechen und Balancieren.

Das Engagement des Freundeskreises

Der Freundeskreis der Landesgartenschau 2015 förderte mit rund 240 000 Euro zahlreiche Projekte auf der Landesgartenschau. Erlöst wurden die Mittel durch Spendenaufrufe und andere Veranstaltungen – in erster Linie durch die dreimal stattgefundenen Frühjahrsbälle und die regelmäßige Tombola in der Adventszeit auf dem Thomas-Nast-Markt.

Rund 65 000 Euro flossen in Spiel- und Sportgeräte auf dem Ausstellungsgelände. So konnten ein Kletterpark und andere Spielgeräte realisiert werden. Etwa 40 000 Euro flossen in Projekte, die der Stadtverschönerung dienen. Auch andere Institutionen profitierten von den ehrenamtlichen Bemühungen des Freundeskreises. 20 000 Euro des 50 000 Euro umfassenden Budgets zur Förderung von Institutionen flossen in die Kinder- und Jugendfarm.

Auch in der Innenstadt, abseits des Geländes der Gartenschau, wurden einige Akzente gesetzt, um zu zeigen, dass sich die gesamte Stadt 2015 in festlicher Stimmung befand. Unter dem Motto „Guerilla-Gardening" wurde eine seit Jahrzehnten brach liegende, ehemalig als Tankstelle genutzte Fläche begrünt. Für diese Maßnahme konnten 25 Schülerinnen mit ihrer engagierten Lehrerin der benachbarten Maria-Ward-Schule gewonnen werden. So wurde dank des großartigen Einsatzes für kurze Zeit eine sinnvolle Verbesserung und Verschönerung an einem stark frequentierten Verkehrsknotenpunkt vorgenommen.

Info-Point

Der Info-Pavillon des „Freundeskreis Landesgartenschau 2015" war erste Anlaufstelle für die Besucher, die ihren Rundgang über das Gelände vorab planen wollten oder die sich einen Überblick verschaffen wollten. Über die gesamte Dauer der Veranstaltung von April bis Oktober war die Wissensquelle ständig mit engagierten und Fach- wie sachkundigen Mitgliedern des Freundeskreises besetzt.

Am 9. Oktober, am Ehrenamtstag, wurden all diejenigen geehrt, die sich über Jahre hinweg immer wieder freiwillig, zuverlässig und mit viel persönlichem Engagement für eine positive Außenwirkung der Landesgartenschau in Landau eingesetzt haben.

Bereits Mitte der 50er Jahre gab es im Schillerpark einen Heilkräutergarten, der irgendwann aus nicht mehr nachvollziehbaren Gründen verschwunden war. Auf Anregung des AK IV wurde nun im nördlichen Teil des Schillerparks, im sogenannten Tiefgarten, auf einer Fläche von rund 170 qm ein neuer Gewürz-und Heilkräutergarten angelegt, direkt unterhalb des Schillergedenksteines. In Abstimmung mit der Grünflächenabteilung der Stadt entstand ein zeitgemäßer Garten mit vielen bekannten und weniger bekannten Pflanzen, zum Wohl der Bürger, die gerne gut essen oder vielleicht das eine oder andere Kräutlein für ihre Gesundheit suchen.

Ebenfalls in Abstimmung mit der Grünflächenabteilung übernahm der Freundeskreis Planung, Ausführung und Pflege eines Gärtchens – „le jardin sur le Pont" – auf einem, aus der Festungszeit stammenden, einer Brücke ähneldem Bauwerk. Das viel bewunderte und ertragreiche Gärtchen auf über 100 qm Fläche beweist, dass auch auf Flächen ohne Verbindung mit dem Untergrund mitten in der Stadt eine kleine Oase entstehen kann. Die Mitglieder des Freundeskreises kümmern sich weiterhin um dieses Kleinod.

Eine weitere Aktion zur Verschönerung der Innenstadt waren die Pflanzung zahlreicher Kletterrosen an den alten Zäunen des Otto-Hahn-Gymnasiums, entlang Waffen- und Badstraße. Eine gemeinsame Aktion von Schülern der 5. Klassen, die sich auch weiterhin um die Pfanzen kümmern.

Weitere Verschönerungen konnten durch das Aufstellen, Bepflanzen und Pflegen von großen, runden Weidenkörben vorgenommen werden. Eine Ergänzung zu der originellen Aktion mit zahlreichen bepflanzten Weinkisten und den herrlichen bunten Ampeln an den Straßenlampen.

Zum Abschluss der „SÜWEGA" im Oktober 1949 wurde auf einer kleinen Grünfläche zwischen Fort- und Marktstraße, südlich des Max-Slevogt-Gymnasiums eine Winterlinde zur Erinnerung an die erfolgreiche Gartenschau gepflanzt. Dieser Baum, damals fast winzig, ist heute nicht mehr zu übersehen und prägt das Stadtbild an dieser Stelle, es ist die "SÜWEGA-Linde". Um auch in Zukunft an die am 18. Oktober 2015 zu Ende gegangene Gartenschau zu erinnern, wurde auf gleicher Fläche wiederum eine Linde gepflanzt, diesmal eine Sommerlinde, auch eine Erinnerung an diesen wunderbaren Sommer.

Unterwegs mit Gästeführer Frank Hetzer

Frank Hetzer führte während der 185 Tage währenden Veranstaltung rund 35 Besuchergruppen über das Gelände der Gartenschau. Ganzjährig ist er in Zusammenarbeit mit den Büro für Tourismus auch in der Stadt mit verschiedenen Rundgängen durch die Parkanlagen von Landau mit interessierten Gästen unterwegs. Im folgenden ist der Rundgang über den Südpark, ein Auszug aus seinem Buch „Die Gartenstadt Landau und ihre Parks", beschrieben:

Wir beginnen am Rathausplatz (1), laufen in die *Marktstraße* Richtung Stiftskirche (2) und sehen rechts in der Badstraße in Pflanzkübeln einige Kugel-Ahorne, auf dem Platz vor der Kirche rechts zwei Dornenlose Lederhülsenbäume der Sorte Inermis. Auch am Turm stehen drei Lederhülsenbäume und links neben dem Kirchenschiff eine Stiel-Eiche und eine Birke. Werfen wir noch einen Blick nach rechts Richtung Westen in die Kleine Westbahnstraße und spazieren dann vorbei am sogenannten *Haus Am Maulbeerbaum*, in dessen Hof tatsächlich ein solcher Baum steht. Wir gehen weiter zum Obertorplatz (3), der ab 2008 umgestaltet und begrünt wurde mit sechs Kaiser-Linden, deren Kronen in Kastenform geschnitten wurden. Vor dem Französischen Tor stehen fünf schirmförmig geschnittene Platanen.

Wir gehen links am zu Festungszeiten südlichsten Stadtausgang vorbei in die Xylanderstraße, in der zwischen den Parkplätzen drei Spitz-Ahorne der Sorte Cleveland und sieben Berg-Ahorne stehen. Von dort aus laufen wir nach links in den Südring. Nicht zu übersehen ist der rechts liegende neue Kreisel, der sehr schön gestaltet und üppig mit buntem Staudenflor bepflanzt ist. Im neu ausgebauten Abschnitt der Ringstraße wurden

Am 29. September um 15 Uhr fand der vom Verband des Garten- und Landschaftsbaus gestiftete Baum seine neue Heimat. Von links nach rechts: Frank Hetzer, Matthias Schmauder, Hans-Dieter Schlimmer, Alexander Mock, Klaus Stalter und Sabine Klein.
Auf der Grünfläche, dem „Platz der Gartenschauen", erinnern auch Gestaltungselemente an die beiden für Landau so prägenden Ausstellungen. Auf Gedenktafeln kann man sich über die wichtigsten Erläuterungen von damals und heute informieren.

Stationen

1. Rathausplatz
2. Stiftskirche
3. Französisches Tor
4. Villa Streccius
5. Marienkirche
6. Südpark
7. Bahntrasse
8. Aussichtsturm
9. Ebenberg
10. Spiel und Freizeitcampus
11. Kleingärten
12. Kinder- und Jugendfarm
13. Villa Mahla
14. Reitschulgasse
15. Queich

die altersschwachen Blut-Pflaumen durch neue ersetzt. Sie bieten ein farbenfrohes Bild zur Zeit der Frühjahrsblüte. Zur gleichen Jahreszeit nicht zu übersehen sind die beiden Tulpen-Magnolien vor der städtischen Kunstgalerie Villa Streccius (4).

Nun überqueren wir die Schloßstraße bzw. den Marienring, der zu beiden Seiten von Platanen beschattet wird. An der zweitgrößten Kirche der Pfalz (Abb.), der Marienkirche (5), vorbeigehend sehen wir im Garten links ein hundertjähriges Exemplar einer Stiel-Eiche, eine Winter-Linde und eine Platane.

Wir gehen die Bismarckstraße Richtung Süden entlang bis zur Cornichonstraße. Sie wurde im Zuge des Neubaus 2012 mit Amberbäumen bepflanzt und mit der Sunny Rose und der Rose Innocencia unterpflanzt. Mit Blick auf die mächtigen, mit Klinker verkleideten Kasernenbauten vom Ende des 19. Jahrhunderts gehen wir nach rechts und gleich wieder nach links in die Hartmannstraße, nach wenigen Metern nach links in den Wohnpark am Ebenberg hinein und nach weiteren 150 Metern auf der Wirth-Allee, die mit 33 Blumen-Eschen bepflanzt ist, stehen wir schon vor dem Südpark (6).

Der Südpark ist Landaus jüngste Parkanlage. Sie ist das über drei Hektar große Herz des neuen Wohnparks auf dem ehemaligen Kasernengelände. Die Gebäude wurden Ende des 19. Jahrhunderts unmittelbar nach der Schleifung der Festungsanlagen errichtet. Sie werden nun im Rahmen der Konversion – dank der Landesgartenschau und auch nach der Gartenschau – sehr zügig zu Wohnzwecken umgenutzt.

Auf der Westseite des Parks gehen wir unter den Kronen von 78 Lederhülsenbäumen hindurch zum links liegenden Spielplatz, dann vor dem sehenswerten, quer stehenden Klinkerbau, dem sogenannten Gebäude null41 mit Gastronomie und Vinothek, nun nach links weiter. Als Großsträucher stehen dort Exemplare des Gemeinen Judas-Baumes. Wir laufen weiter nach rechts auf die Otto-Kießling-Straße, die mit über 70 Winter-Linden, Säulenform, Erecta bepflanzt ist.

Über die neue, die tief liegende Bahnstrecke überquerende Brücke (7) erreichen wir neu gepflanzte Seidenakazien, die rosa blühen und ziemlich frostempfindlich sind. Der Landschaftsachse entlang Richtung Süden erreichen wir den 21 Meter hohen Aussichtsturm (8). Von diesem hat man einen unvergesslichen Blick auf das Nationale Naturerbe Ebenberg, ein über 230 ha großes ehemaliges Truppenübungsgelände, die Stadt, den Haardtrand und die Rheinebene. (9).

Entlang der Landschaftsachse, die mit 53 Winter-Linden, Säulenform, begrünt ist, liegen auf der östlichen Seite die für die Landesgartenschau angelegten Gärten der Südpfalz, kleine, repräsentative Darstellungen der typischsten Merkmale der unterschiedlichen Regionen unserer Heimat: Wein, Wald, Erdöl, Tabak, Landwirtschaft und andere mehr werden darin aufgezeigt. Im Sandgarten stehen zwei Kuchenbäume, im Mandelgarten 9 hochstämmige Mandelbäume, im Ölgarten zwei besonders attraktive Exemplare der Andentanne. In West-Ost-Richtung durchfließt der kleine, renaturierte Birnbach das Gelände. An ihm können wir dank einer großzügigen Gestaltung des Ufers in Form von Abtreppungen verweilen. In einigen Jahren wird man von dort aus die rosa blühenden Seidenbäume, links neben dem Turm, bewundern können.

Am kleinen Platz südlich der Brücke über den Bachgarten gehen wir links über den naturnah angelegten Grüngürtel Süd, mit wechselndem Abstand zum Birnbach Richtung Spiel- und Freizeitcampus (10). Die beiderseits des Weges liegenden Grünflächen sind mit den verschiedensten heimischen Gehölzen bepflanzt, z. B. Schwarzer Maulbeerbaum, Sal- und Weiß-Weide und Ess-Kastanie. Auf den Wiesenflächen erblicken wir einen üppigen Flor heimischer Wildblumen. Nördlich vom Birnbach, zwischen der Landschaftsachse und dem Geothermie-Kraftwerk wurden 34 Kleingärten (11) angelegt. Innerhalb dieser Anlage steht einer der größten Walnussbäume auf Landauer Gemarkung.

Wir durchwandern den Campus mit vielfältigen Spiel- und Sporteinrichtungen und einer neuen Sporthalle. Wir gehen vorbei an altem, zwischen den Gleisen des ehemaligen Kohlelagers entstandenem Wildwuchs, der im Zuge der Landesgartenschau mit Feld-Ahornen, Gold- und Sand-Birken ergänzt wurde.

Nun gehen wir wieder über den mal mehr oder weniger sprudelnden Birnbach nach links und werfen dabei einen Blick nach rechts. Dort ist ein Freizeitgelände für

Flankierende Maßnahmen

Nicht nur Verbindungswege und Infrastruktur, auch bei den Grünanlagen und dem Stadtbild hinterläßt das Großprojekt seine nachhaltigen Spuren. Eine Vielzahl von Einzelmaßnahmen konnte in neuen und bestehenden Grünanlagen umgesetzt werden.

Ein Teil der Maßnahmen des Grünflächenamtes der Stadt Lndau galt der Verschönerung unmittelbar zur Landesgartenschau, der größte Teil allerdings wurde in dauerhafte Verbesserungen investiert. So wurde beispielsweise die neue Sitzplattform am Schwanenweiher barrierefrei zugänglich gemacht oder – in Zusammenarbeit mit dem Freundeskreis Landesgartenschau – neue Schmuckbeete um den Springbrunnen im Goethepark angelegt.

Auch die Stadtdörfer und nicht nur die Kernstadt profitierten von der Landesgartenschau. Ein Rosenbeet in Mörzheim, mit tatkräftiger Unterstützung der Landfrauen, die Bepflanzung einer Verkehrsinsel in Wollmesheim in Zusammenarbeit mit dem Bürgerverein sind nur zwei Beispiele für einen umfangreichen Satz an Maßnahmen, die die Stadtdörfer im Sinne der Stadtentwicklung attraktiver machen.

Auch das private Engagement wurde gefördert. Mit der Aktion „Bäume für die Vorgärten" konnte die Pflanzung von rund 50 neuen Bäumen auf Privatgrundstücken bezuschusst werden. Ziel dieser nachhaltigen Aktion war es, entlang stärker befahrener Straßen und in älteren Wohngebieten für mehr Grün entlang der Straßen zu sorgen.

Schließlich galt es, die Stadt für das Ereignis zu schmücken. Blumensäulen und -ampeln wurden aufgestellt, mehrere zehntausend Blumenzwiebeln an den Haupt- und Zufahrtsstraßen gesteckt und vielerorten Blumenmischungen ausgesät. Überdimensionale Blumentöpfe empfangen die Besucher am Hauptbahnhof und sind auch in der Stadt an ausgewählten Plätzen zu finden. Übergroße, bepflanzte Weinkisten, hergestellt von einer Edenkobener Firma, die schon vor Jahrzehnten Transportkisten aus Holz für den Weinhandel herstellte, erinnert daran, das Landau die größte Weinbau treibenden Gemeinde Deutschlands ist. Und auch die Kinder wurden in das Projekt einbezogen: Rund 1 000 von Kindergarten- und Schulkindern bemalte Holzblumen in den LGS-Farben wurden auf Stäben montiert und entlang von Straßen und Wegen aufgestellt.

Dies alles, um den Besuchern einen gebührenden Empfang zu bereiten. Schließlich sollten sie Landau in bester Erinnerung behalten.

Kinder durch eine private Initiative von der Kinder- und Jugendfarm Landau (12) entstanden. Wir gehen weiter, vorbei an Geothermie und Kleingartenanlage, wieder nach rechts über die Bahnbrücke, entlang der Ostseite des Parks Richtung Theodor-Heuss-Platz über die Otto-Kießling-Straße. Wir werfen immer wieder einen Blick in die nach rechts abgehenden Straßen. In der Hans-Stempel-Straße stehen 45 Säulen-Ahorn, in der Fritz-Siegel-Straße 47 Hopfenbuchen, in der Emma-Geenen-Straße neun gefüllt blühende Wild-Kirschen sowie fünfzehn Scharlach-Kirschen. Links sehen wir das große Wasserbecken.

Wir gehen nun wenige Meter nach rechts zur Siebenpfeiffer-Allee. Sie ist bepflanzt mit siebenundsiebzig Blumen-Eschen und bildet die wichtigste Ost-West-Verbindung, auch dank der neuen Brücke für Fußgänger und Radfahrer über die Bahnstrecke.

Wir überqueren den Theodor-Heuss-Platz, der mit Eisenholzbäumen und Säulen-Tulpenbäumen bepflanzt ist. Durch das geöffnete, alte Kasernengebäude hindurch gehen wir über den neu angelegten Ernst-Gutting-Platz in die Friedrich-Ebert-Straße. Diese wurden im Frühjahr 2012 bepflanzt mit 38 Amerikanischen Eschen der Sorte Skyline, unterpflanzt mit der Rose Fortuna. Wir gehen weiter bis zur Ecke Marienring. Linker Hand liegt das ehemalige Wohnhaus des Bürgermeisters Mahla (13), eines großen Förderers der Landauer Parklandschaften, in dessen Garten eine sehr malerisch gewachsene Rot-Buche steht.

Wir überqueren die Ringstraße und passieren auf der rechten Seite die neu gestalteten Vorgärten der städtischen Dienstgebäude und kommen zum Synagogen-Denkmal mit einem Gedenkstein auf dem Standort der zerstörten Synagoge. Der Stein und die kleine Grünfläche werden seit etwa 30 Jahren von einer Himalaya-Zeder beschirmt.

Wir überqueren die Reiterstraße, die mit Fächerblatt-Bäumen bepflanzt ist. Nach wenigen Metern biegen wir nach rechts in die Reitschulgasse (14) ein und werfen einen Blick auf die alte Rosskastanie.

Weiter geht es nach links vorbei am Weißquartierplatz, der als Parkplatz genutzt wird. Er ist bepflanzt mit den unterschiedlichsten, wegen des schlechten Standortes nicht unbedingt erwähnenswerten Bäumen.

Über die Queichbrücke betreten wir nach links die Neumühlgasse, überqueren die Königstraße und gehen an der Brücke gleich wieder nach rechts, entlang der ab 2007 wieder offen liegenden Queich (15). Wir passieren vier Großlaubige Mehlbeeren, gehen hinter dem Café nach links und gleich wieder nach rechts über die Brückchen durch die Kronstraße und überqueren die Gerberstraße. Beide Straßen sind neu ausgebaut und mit Japanischen Zierkirschen der Sorte Schmittii bepflanzt. An in Kübel stehenden Hanfpalmen vorbeigegangen sind wir wieder am Ausgangspunkt angelangt, Zeit für Rast und Einkehr in der Stadt.

Aus: Frank Hetzer, Die Gartenstadt Landau und ihre Parks, Knecht Verlag Landau 2014

Wie das Gelände genutzt wurde

Himmelgrün

Der Garten Eden war die allererste Gartenschau, sozusagen, und bestimmt Vorlage für viele, viele ganz und gar irdische Gärten. So war womöglich das Göttliche die erste gartenbaumeisterliche Kraft in diesem unserem Universum. Bestimmt gibt es noch andere Gelegenheiten, doch wo wird der Schöpfungsakt noch so begreifbar im wahrsten Sinn des Wortes als beim Gärtnern? Darum sind auch die christlichen Kirchen in Landau mittendrin, gelebte Ökumene inmitten des Trubels der Landesgartenschau.

Das Motto „himmelgrün" lässt ein Stück Himmel auf der grünen Erde erahnen, kann aber auch den fantasievollen Geist anregen einmal darüber nachzudenken, ob es wohl einen tieferen Grund gibt, weshalb die Natur wohl so eingerichtet ist, dass der Himmel sich uns blau präsentiert. Ein Künstlertrick? Die renomierte Künstlerin Madeleine Dietz zumindest hat mit dem „Landauer Tor" den Zugang zu paradiesischen Momenten umrahmt: unter den Birken am Birnbach und im Kirchenpavillon kann Besinnlichkeit erlebt werden.

Die Architektur des Pavillons, ein Entwurf der Architekten und Architekturdozenten Bayer/Uhrig aus Kaiserslautern ist ein Holzbau aus einheimischer Douglasie, die Form herausragend und doch leicht, eine statische Herausforderung. Seine Lamellen spielen mit dem Licht: Der Pavillon ist eine einladende Kirche im Grünen. Madeleine Dietz schuf auch den Altar und ein Ambo – in Kirchenbauten eher unter dem Namen Kanzel bekannt – aus Stahl und Stein, kunstvoll vereinte Natur und Kultur. Ein Geviert, das Menschen umschließt ohne sie zu bedrängen, ein Raum, der sich zum Himmel hin öffnet.

Seit der Landesgartenschau hat die evangelische Kirche – mit Unterstützung der Stadt Landau – den Pavillon als „Kirche im Grünen" übernommen und kann auch für kulturelle Veranstaltungen genutzt werden.

Die „Kirche im Grünen" wird eine Attraktion im Naturpark Ebenberg bleiben. Ihre Anziehungskraft hat sie während der Gartenschau bewiesen. Rund 80.000 Menschen besuchten die Veranstaltungen der Kirchen, etwa 500.000 kamen zu einer Stippvisite in den Pavillon nahe beim Aussichtsturm. Die Einträge im Gästebuch zeigen die positive Resonanz, auch zur ungewöhnlichen Architektur. Der Kirchenpavillon war beliebtes Fotomotiv. Der elliptische Bau mit dem Himmelsauge ist aus einheimischer Douglasie erbaut, die Lamellen spielen mit dem Licht. Das Kaiserslauterer Architektenduo Andrea Uhrig und Prof. Dirk Bayer erhielt im September 2015 für den Pavillon „himmelgrün" eine Auszeichnung des „Bund Deutscher Architekten" (BDA) im Landesverband Rheinland-Pfalz.

In den 185 Tagen der Landesgartenschau wurden unter dem Motto „himmelgrün" rund 400 Andachten, 40 Gottesdienste und Themengottesdienste sowie 260 Kulturveranstaltungen - Konzerte, Kabarett und Theater - angeboten. Etwa 80 Angebote im Grünen Klassenzimmer kommen hinzu. Besonders die beiden täglichen „atempausen", an denen teils auch Vertreter einiger Freikirchen beteiligt waren, wurden gut wahrgenommen. „Eine eigene Gemeinschaft ist entstanden, himmelgrün ist für viele zum Sehnsuchtsort geworden", beschreibt Pastoralreferentin Christine Lambrich ihre Erfahrung, „die Kirche der Zukunft ist kreativ und ökumenisch". Auch zu Taizégebeten und dem Fronleichnamstag kamen tausende Menschen.

„Der Kirchenbeitrag war ungewöhnlich umfangreich", resümierte der Geschäftsführer der Landesgartenschau Matthias Schmauder in seiner Dankesrede am Abschlusstag, „ich dachte anfangs, das schaffen sie nie. Aber die Kirche trug von 2.000 Veranstaltungen rund 700 und war damit einer der attraktivsten und aktivsten Partner."

Schwerpunkte des Programms waren Kinder- und Familientage sowie das Thema Inklusion. Dieses sowie die kirchlichen Kernthemen „Frieden, Gerechtigkeit und Bewahrung der Schöpfung" wurden unter anderem in vier Ökumenischen Themenwochen aufgegriffen. Ziel war es, globale Herausforderungen lokal anzugehen, etwa mit einem Klimafrühstück, einem mulitreligiösen Gespräch und Gebet, oder mit dem Einbinden von Flüchtlingen. „Die weltverändernde Dimension der Guten Nachricht zu zeigen, war uns auch wichtig. Ebenso wie der Austausch zwischen Kirche und Kultur", meint Gartenschaupfarrerin Mechthild Werner.

Der Auftritt von Kabarettpreisträger Martin Zingsheim, After-work-Events mit Heimatpoet Michael Bauer, eine Lesung mit dem deutsch-elsässischen Grenzgänger Martin Graff gehörten zu den kulturellen Highlights. Die Gastspiele des Pfalztheaters Kaiserslautern waren ebenso beliebt wie die vierzehntägigen biblischen Weinproben in Kooperation mit der Vinothek ParTerre. Zwei Ausstellungen in den Stadtkirchen St. Maria und Stiftskirche im Kultursommer, einige Konzerte sowie die Ausstellung „Koffer für die letzte Reise" bildeten ein attraktives Rahmenprogramm in der Stadt. Auch die Begrünungsaktionen „go paradise" in diversen Kirchgärten oder der inklusive Mitmachgarten auf dem Gelände bieten über die Gartenschau hinaus einen himmelgrünen Mehrwert.

Höhepunkte waren zudem der live ARD-Gottesdienst mit Radioübertragung aus dem Kirchenpavillon zu Pfingsten, der etwa eine halbe Million Menschen erreichte. „Einige Besucher kamen extra aus München oder Kiel angereist, nachdem Sie die Übertragung gesehen hatten", berichtet Mechthild Werner. Auch die Musical-Uraufführung „Blauer Planet" zum Ersten Ökumenischen Kinderchortag zog viele Besucher an. Zwei Frauentage konnten tausende Besucherinnen verzeichnen, der Landesposaunentag versammelte hunderte Blechbläser.

Nachgefragt waren auch zwei Segnungsgottesdienste für Paare sowie einige Taufen im himmelgrün. Die Kirche im Grünen wird für Taufen und Trauungen weiterhin ein idealer Ort sein.

„Ohne das Engagement von etwa 230 Menschen, die ehrenamtlich tätig waren, im Präsenzdienst am Pavillon, im Andachts- und Musikteam oder in thematischen Gruppen wäre das alles kaum möglich gewesen. Ein himmelgrünes Wunder!". Da sind sich die Projektleiterinnen ökumenisch einig.

Den ökumenischen Abschlussgottesdienst am 18. Oktober feierten Weihbischof Otto Georgens und Oberkirchenrat Manfred Sutter gemeinsam mit Pastoralreferentin Christine Lambrich und Pfarrerin Mechthild Werner.

Pfalzmarkt

Die Genossenschaft Pfalzmarkt eG mit Sitz in Mutterstadt vereinigt 200 aktive Mitgliedsbetriebe. Seit 1986 bündelt die Erzeugerorganisation ihre Produktion in einer Vermarktungs- und Qualitätsgemeinschaft, die in Deutschland und Europa zu den leistungsstärksten gehört. Die Fläche von 14 000 Hektar stellt das größte zusammenhängende Gemüseanbaugebiet Deutschlands dar, auf der unter den herrschenden günstigen klimatischen Bedingungen Obst und Gemüse angebaut wird.

Pro Jahr werden über 200 000 Tonnen Obst und Gemüse vermarktet, saisonal und regional, aber auch national und international in viele Länder Europas. Das Alphabet der gesunden Ernährung wird aufgezählt und von A wie Artischocken und Apfel bis Z wie Zucchini und Zwetschge alles angebaut, was des Verbrauchers Herz höher schlagen lässt. Zu den stärksten Produkten gehören Radieschen und Bundzwiebeln, Lauch und Blumenkohl, die Familie der Salate von Feldsalat und Rucola bis zum Kopfsalat und den sog. „Bunten Salaten" in rot und grün, aber auch Produkte wie Fenchel, Zucchini und Karotten. Ziel des Ausstellungsbeitrages „Gemüse" auf der Landesgartenschau 2015 in Landau war es deshalb, dem Besucher die Leistungsstärke des professionellen Gemüseanbaus näher zu bringen. Wie macht es der Erzeuger? Von der Aussaat/Pflanzung über Düngung und Pflanzenschutz bis hin zur Ernte, Rückstandsanalytik, Aufbereitung und Vermarktung wurde dem Besucher gezeigt und erklärt, wie das Gemüse schließlich bei ihm in der Einkaufstasche landet.

Dazu wurden beispielhaft verschiedene Gemüsearten auf den Ausstellungsflächen angebaut, gehegt, gepflegt und geerntet. Mitarbeiter der Pfalzmarkt eG waren regelmäßig vor Ort, um den Besuchern Fragen zu beantworten.

Essen und Trinken

Bei einem so weitläufigen Gelände wie dem der Landesgartenschau darf die Berücksichtigung des leiblichen Wohls nicht vergessen werden: Vom Schauen allein wird der Bauch nicht satt, auch wenn man sich sattsehen konnte, und der Durst wird nicht durch die vielfältigen Eindrücke gelöscht.

So waren auf der Landesgartenschau mehrere „Raststationen" zu finden, die mit Pfälzer Spezialitäten oder auch Imbiss-Standards den Gaumen zu verwöhnen wussten und für die nötige Energiezufuhr sorgten, auf dass so ein Besuchstag unbeschadet überstanden werden konnte.

Das große Thema der Pfalz, der Wein, konnte in der Vinothek Par Terre – untergebracht im historischen Gebäude null41 und ausgestattet mit einem Ambiente, das den Wein wie Kunst erscheinen lässt – in Angriff genommen werden und die Gelegenheit, sich mittels einer Verkostung der Weinregion Pfalz zu nähern, wurde vielfach genutzt. Gleich daneben, im Weinkontor null41, konnte sich dann der Gaumen an fester Nahrung laben und einem Besuchstag ein würdiger Abschluss gegeben werden.

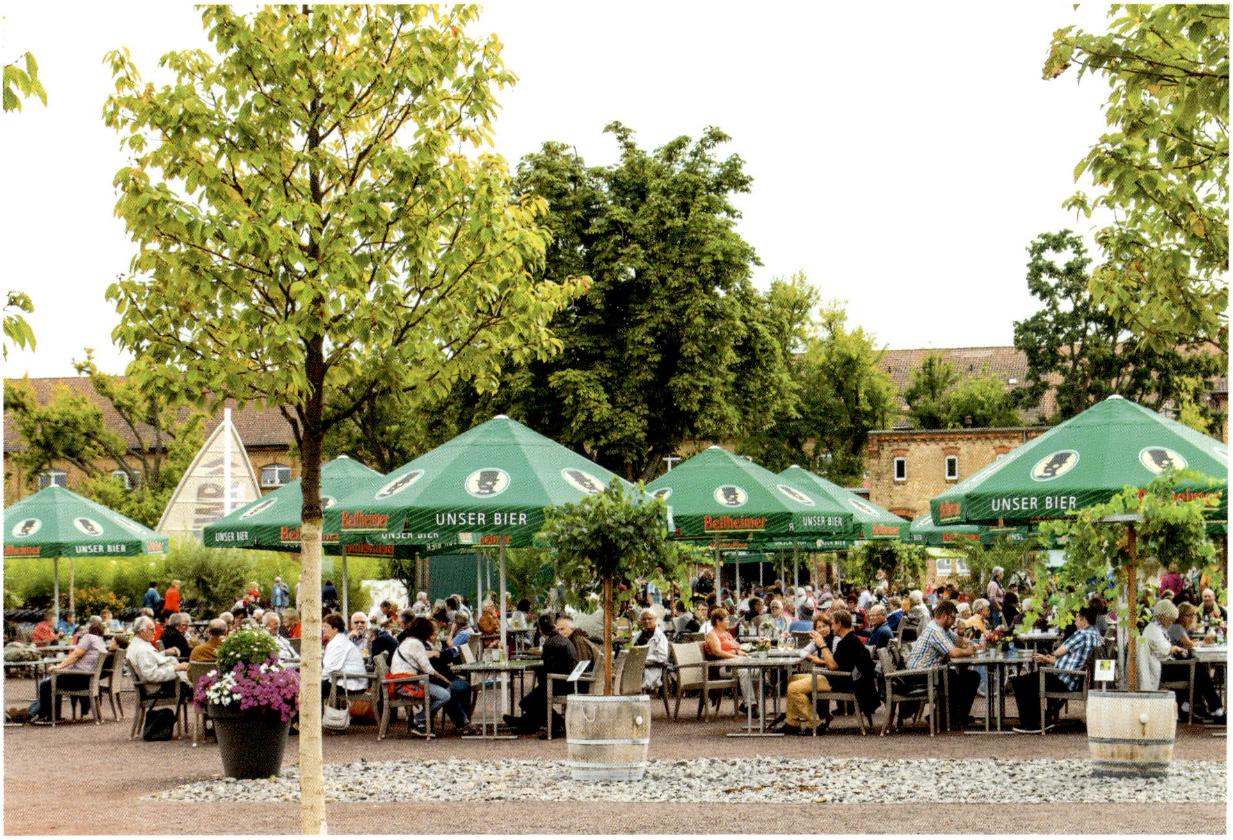
UNSER BIER
Bellheimer

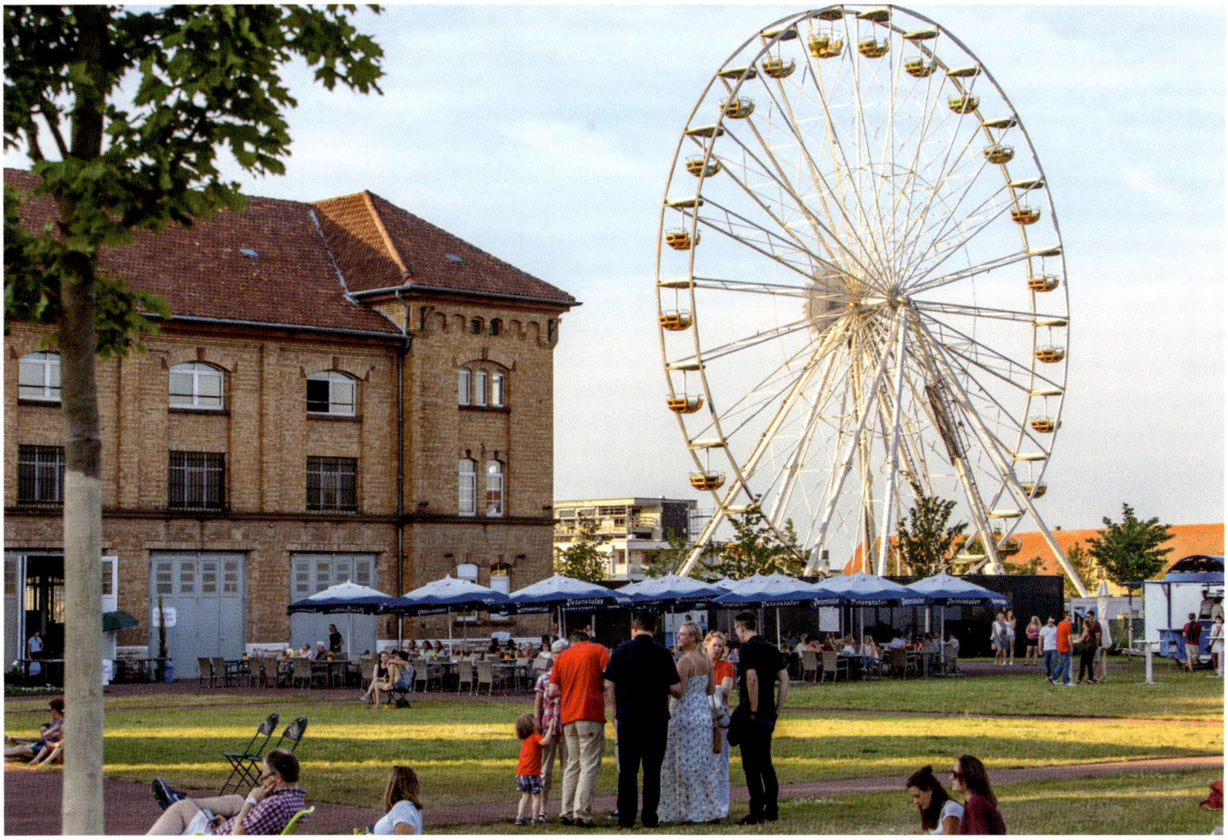

Wissen über Natur, Umwelt und Garten erleben

Eine Landesgartenschau ist ein Schaufenster des Landes. Gleichzeitig bieten die 185 Ausstellungstage den Verwaltungen des Landes die Möglichkeit, ihre Arbeit und ihre Initiativen zu präsentieren, kleine und große Besucherinnen und Besucher neugierig zu machen und ihnen Antworten auf ihre Fragen zu geben.

Die Erfahrungen, die bei den vorangegangenen Gartenschauen gemacht wurden, flossen in die Vorbereitung der Landesgartenschau in Landau ein. So gab die Bundesgartenschau in Koblenz den Anstoß, Neues zu wagen und in Landau das Land Rheinland-Pfalz, seine Menschen und seine Natur mit einer Präsentation aus einem Guss vorzustellen. Für die Dauerausstellung wurden sechs Themenbilder ausgewählt, die zeigten, was Rheinland-Pfalz ausmacht: „vielfältig", „innovativ", „nachhaltig und sozial", „kreativ", „couragiert" und „schön". Selbsterklärende Module führten die Besucher durch das Land und luden ein, sich selbst ein Bild zu machen, sich interaktiv und mit verschiedenen Medien zu informieren. So bot sich ein spannender Einblick in ein vielfältiges, wirtschaftlich und nachhaltig innovatives, kreatives und auf vielen Ebenen erfolgreiches Land. Und es blieb nicht beim Hier und Jetzt. Mit der Frage „Wie wollen wir in Zukunft leben?" richtete sich der Blick nach vorne.

Eine wichtige Aufgabe der Umwelt- und Landwirtschaftsverwaltung ist es, Wissen zu vermitteln. Daher hat das Ministerium für Umwelt, Landwirtschaft, Ernährung, Forsten und Weinbau die Landesgartenschau finanziell und mit Inhalten darin unterstützt, ein vielfältiges Angebot für Besucherinnen und Besucherin zu organisieren. Vom Kindergarten bis in die Mittelstufe konnten die Kin-

Umweltministerin Ulrike Höfken zu Besuch auf dem Landesgartenschaugelände am 21. Juli 2015

der im Grünen Klassenzimmer viele Informationen über Umwelt, Gesellschaft und Kultur aufsaugen. Ein besonderer Dank gilt den vielen ehrenamtlich Engagierten, die dieses Wissen informativ, interaktiv und altersgerecht vermittelt haben.

Grünes Klassenzimmer

Mit dem Grünen Klassenzimmer präsentierte sich die LGS Landau 2015 als erlebnisreicher Lernort für Kinder- und Jugendgruppen. Vom 20. April bis zum 28. Juli und vom 7. September bis zum 16. Oktober nahmen Schulklassen, Kindergarten- und Jugendgruppen an einem handlungsorientierten Unterricht der etwas anderen Art teil. Für Lehrer/innen und Erzieher/innen bestanden in einzelnen Bereichen Fortbildungsangebote.

Im Sinne einer Bildung für nachhaltige Entwicklung vermittelten interdisziplinäre Mitmachprogramme die Lerninhalte mit viel Spaß und förderten zugleich Kreativität und Neugier.

Das Programm war in sieben Themenbreiche untergliedert: Natur, Umwelt, Energie, Gesundheit, Kunst, Kultur, Soziales und Wirtschaft. Auf diese sieben Bereiche entfielen 138 weitere Themen mit insgesamt 1 245 buchbaren Veranstaltungen.

Unterschiedliche Veranstaltungsformate kamen zum Einsatz: Hierzu zählten handlungsorientierte Kurse wie Kreativ-Angebote mit dem Schwerpunkt Basteln und Gestalten oder Workshops mit dem Schwerpunkt Forschen und Experimentieren. Zu den weiteren Formaten zählten Vorträge, Lesungen und praxisorientierte Einheiten wie zum Beispiel Kochkurse oder Bewerbungs-Trainings.

Ein vielfältiges und spannendes schulpädagogisches Programm setzt engagierte Kooperationspartner voraus. Am Grünen Klassenzimmer beteiligten sich insgesamt 65 Bildungspartner aus der Südpfalz und dem Bundesland Rheinland-Pfalz. Darunter zählten freischaffende Natur- und Umweltpädagogen, Behörden und öffentliche Institutionen (Museen und Schulen), kirchliche Einrichtungen sowie Unternehmen, Vereine und Verbände.

Von den angebotenen 1 245 Veranstaltungen wurden 748 Kurse gebucht und durchgeführt. Insgesamt nahmen 13 839 Kinder und Jugendliche am Grünen Klassenzimmer teil. Organisiert wurde das Grüne Klassenzimmer von Karsten Neuhaus von der LGS gGmbH.

Auch auf Erwachsene warteten viele Angebote des Ministeriums. Ziel war es die Handlungsschwerpunkte für die Besucherinnen und Besucher erlebbar zu präsentieren und wichtige Themen wie Artenvielfalt oder nachhaltige Entwicklung mit Leben zu füllen. In Zusammenarbeit mit dem Imkerverband Rheinland-Pfalz, der Landeszentrale für Umweltaufklärung, der Stiftung Natur und Umwelt, den Dienstleistungszentren Ländlicher Raum entstanden vielfältige Möglichkeiten, sich dem Thema Bienen zu nähern.

Zwei Ausstellungen richteten einen fachlichen und einen künstlerischen Blick auf das Thema. Über den gesamten Zeitraum der Landesgartenschau boten zwei Demonstrationsbeuten unter fachkundiger Begleitung eines Imkers einen unmittelbaren Einblick in das Leben eines Bienenvolkes. Wer mit Nase und Gaumen etwas über die Bienen erfahren wollte, wurde auch nicht enttäuscht. Im Rahmen einer Honigprobe wurde der aromatische Landesgartenschauhonig vorgestellt. Der Gaumenschmaus war bei den Besuchern so begehrt, dass er innerhalb eines Monats ausverkauft war.

„Demonstrationsbeuten" nennen die das! Ich dachte zuerst, das ist ein Schreibfehler. Hast Du noch Töne! Die sagen das frei raus, dass sie uns ausbeuten, die Honigklauer!

Und verkaufen das auch! Immerhin aber für einen guten Zweck, für die Greifvogelstation in Hassloch.

Greifvögel? Und was haben wir davon?

Sie helfen uns, sagen sie: Schärfen das Bewußtsein bei ihren Miterdlingen, dass wir eigentlich für ihr Überleben wichtig sind. Es gab ja mal 'ne Zeit in China, da meinte man, uns ausrotten zu müssen. Was war die Folge? Die Erdlinge, die chinesischen, klettern heute noch auf die Bäume, um jede einzelne Blüte selbst zu bestäuben.

Ich seh' nicht recht! Was ist denn das? Monsterbienen? Außerirdische? Höllentiere!
Zum Angrifffffff!

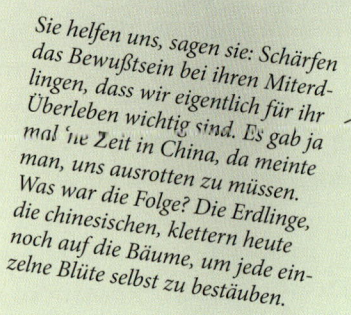

Doucement, mein Freund! Langsam. Das ischt Kunscht. Landfrauenkunscht. Wir Bienen sind doch deren Vorbild, Symbol ihres Mottos: aktiv, modern, offen!

...um am Ende versteigert zu werden...!

Großes Interesse fand auch die Ernährungskampagne „Rheinland-Pfalz ist besser". An jedem 16. eines Monats informierten die Ernährungsexperten des Landes zu verschiedenen Themen wie Lebensmittelverschwendung, Regionalität, Milch und Honig oder auch nachhaltiger Fleischkonsum. Höhepunkt der Reihe waren die Veranstaltungen zum Welternährungstag am 16. Oktober. Zum Abschluss des Tagesprogramms zeigte der Regisseur Valentin Thurn seinen Film „10 Milliarden – Wie werden wir alle satt" und beantwortete die Fragen des Publikums.

Gartenakademie und Pflanzendoktor

Zentrale Anlaufpunkte für das Publikum auf dem Gelände der Landesgartenschau waren die Präsentation der Gartenakademie des Landes sowie der Heimatwald von Landesforsten. Unter dem Motto Lebens-Mittel-Punkt-Garten demonstrierte die Gartenakademie, wie der heimische Garten mit geringem Aufwand einen Beitrag zur biologischen Vielfalt leisten kann. Gleichzeitig kann mit der Nutzung regionaler Pflanzen und Materialien, zum Beispiel Steine oder Kastanienholz ein Stück Heimat geschaffen werden. Vorgestellt wurden auch unterschiedlichste Arten der Wegegestaltung, die den Einsatz von Herbiziden überflüssig machen: Die Fuge der Zukunft ist grün und insektenfreundlich.

Bereits erprobt und sehr begehrt war die Beratung des Pflanzendoktors. Fast an jedem Wochenende standen Experten aus Gärtnereibetrieben und der Gartenakademie den Besuchern bei ihren Problemen im Garten oder auf dem Balkon mit Rat und Tat zu Seite.

Werner Ollig, der Pflanzerndoktor, bei einer Veranstaltung im Gebäude der Pflanzenakadmie (oben) und beim Dreh mit dem SWR (Mitte).

38,6 °C am 4. Juli um 16 Uhr 05. Die Luft flimmerte, hammerheiß. Der Sommer 2015 war einer der heißesten seit der Aufzeichnung von Wetterdaten. Die Hitzeperiode zog sich über Wochen, ohne dass auch nur ein Tropfen Regen vom Himmel fiel.

Vielfältige Staudenmischpflanzungen und Obstgehölze zeigen, wie man attraktive und nützlingsfördernde Beete mit wenig Arbeit gestalten kann.
Heimische Materialien wie Steine (Sandstein) und Hölzer (Edelkastanie) sowie die gestampfte Lehmwand aus der Region sind elementare Bestandteile der Gartenplanung.

Ein gepflegter Rasen ist für viele Menschen ein unverzichtbarer Teil des Gartens. Ein Rasenroboter (Mulchmäher) übernimmt das Mähen, der Rasenschnitt bleibt ökologisch sinnvoll direkt als Düngung auf der Rasenfläche (Kreislaufwirtschaft). So kann jeder seinen Rasen mit modernster Technik, aber trotzdem nachhaltig und ökologisch, pflegen.

Mechanisches Säubern von Pflasterfugen ist eine ökologisch vertretbare, aber relativ aufwändige Methode, die nicht für jeden akzeptabel ist. Der Beitrag zeigte unterschiedliche Gartenweggestaltungen mit begrünten Fugen, die dieses „Problem" im Garten ohne den Einsatz von Herbiziden „natürlich" lösen.

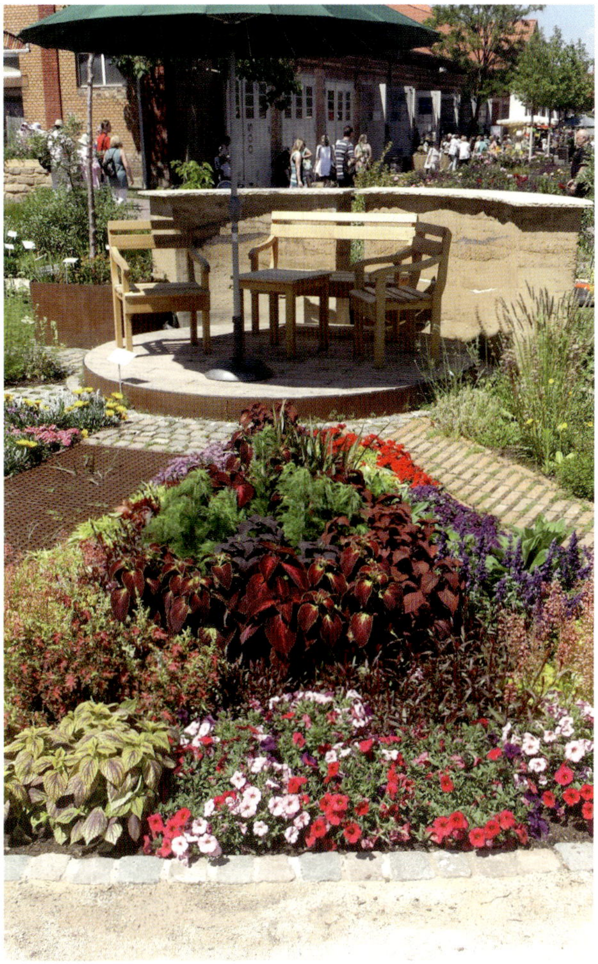

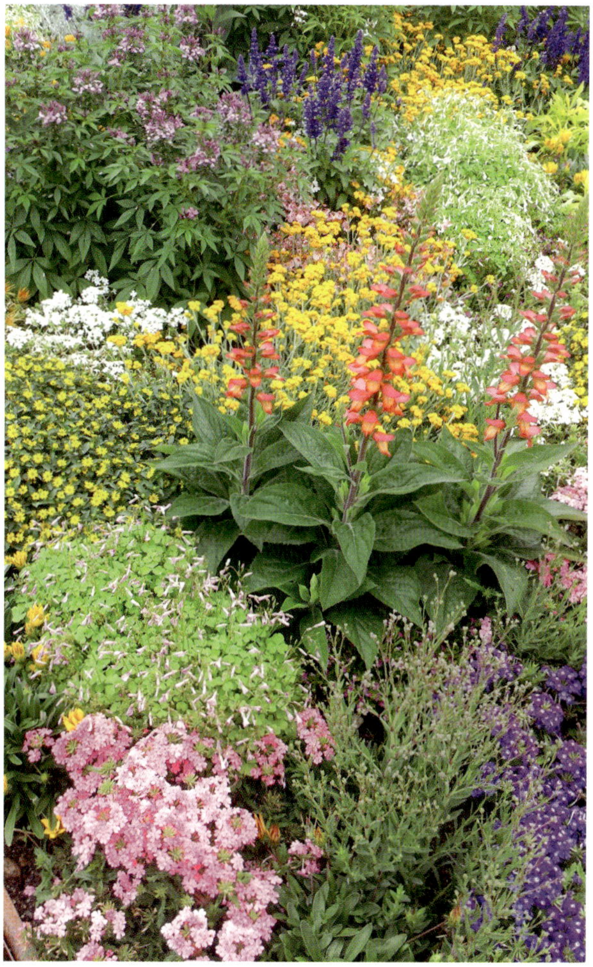

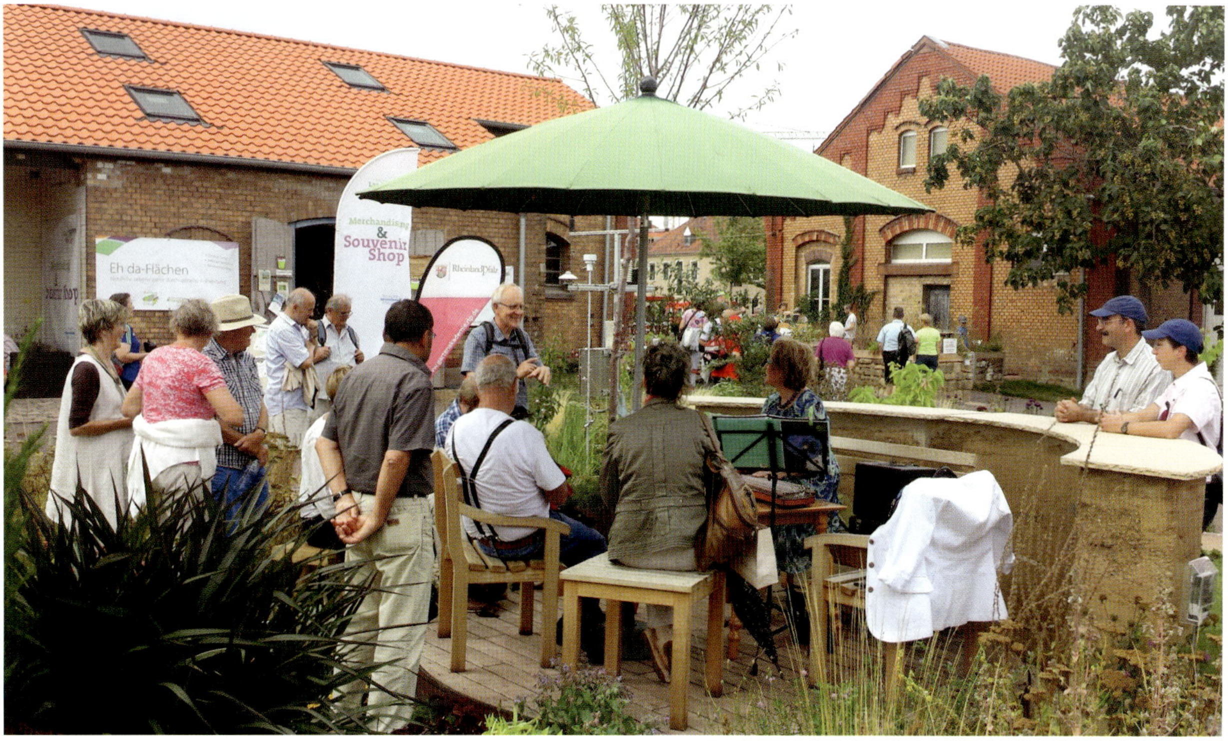
Eh da-Flächen

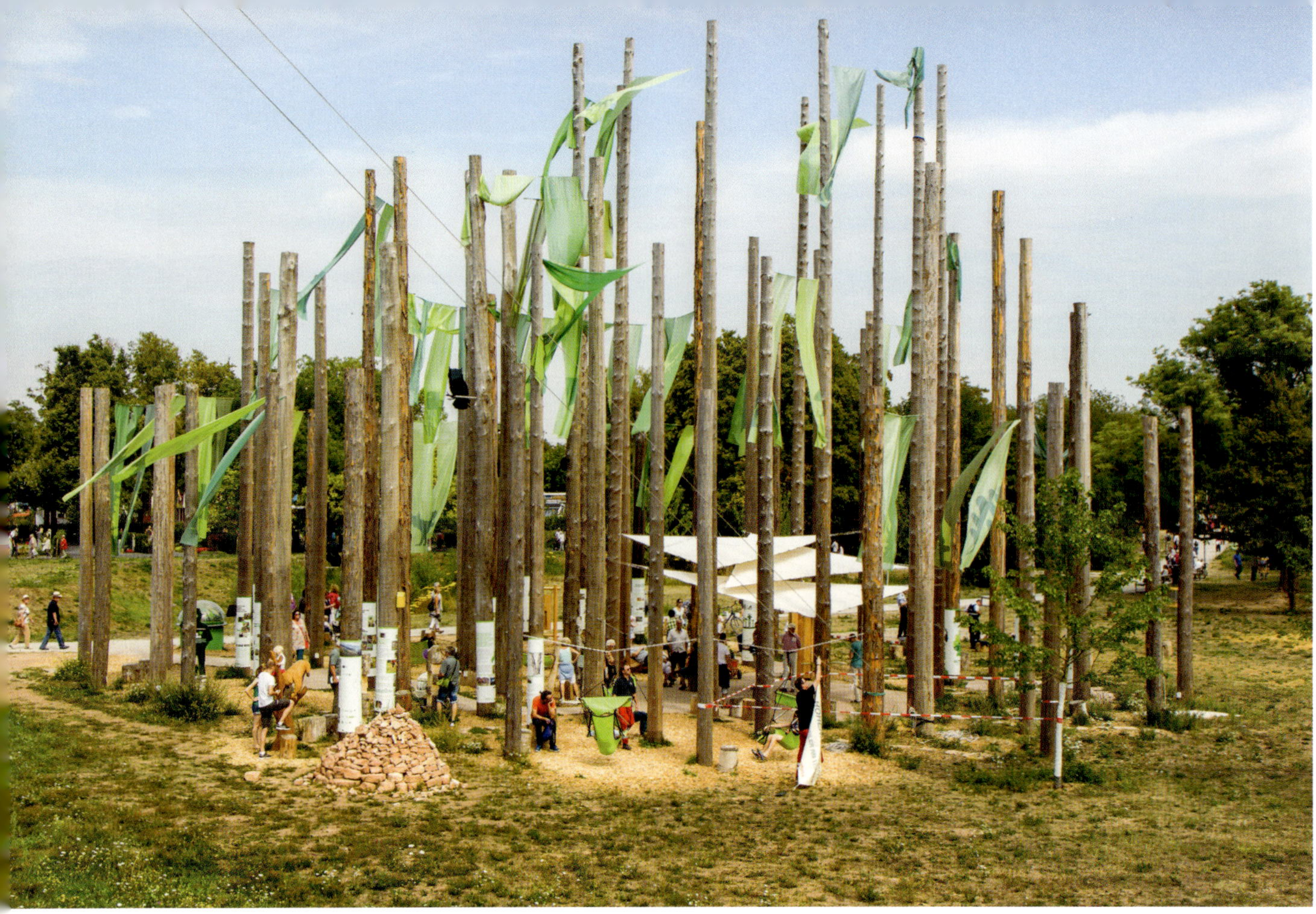

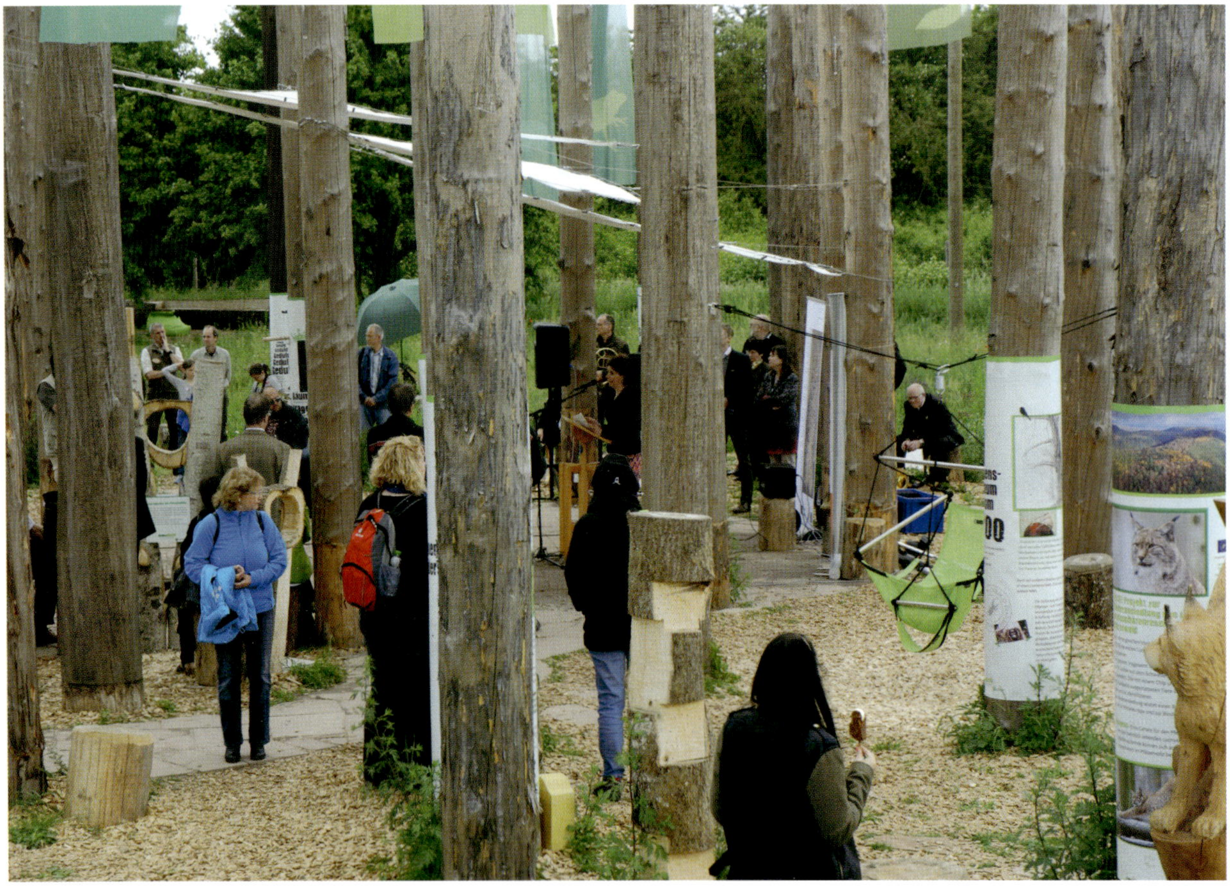

Heimatwald

Der Beitrag von Landesforsten griff ebenfalls das Thema Heimat auf. Mit 70 Baumstämmen aus den Gemeinden des Landkreises Südliche Weinstraße knüpfte der Heimatwald ein starkes Band in die Region. Er war der Ausgangspunkt für siebzehn, vielfach mehrtägige Veranstaltungen der Landesforstämter. Das abwechslungsreiche Programm bot den Besucherinnen und Besuchern Informationen über die Bestimmung von Pilzen, die nachhaltige Entwicklung des Ökosystems Wald, den Auenwald oder auch den Maikäfer.

Vielfach waren die Besucher zum Mitmachen eingeladen. Es konnte geschnitzt und geklettert werden. Auf einem nachgebauten Treckingcamp aus dem Pfälzerwald konnten die Besucher Abenteuerluft schnuppern.

Gemeinsam mit der Landwirtschaftskammer, den Berufsverbänden und den Dienstleistungszentren Ländlicher Raum veranstaltete Landesforsten die Tage der Ausbildung. Über 200 Schülerinnen und Schüler aus Rheinland-Pfalz nutzen die Gelegenheit, etwas über die Arbeit im Wald und die übrigen Grünen Berufe zu erfahren und sich zum Beispiel beim Pflastern zu versuchen.

An mehr als 50 Veranstaltungen über die gesamte Landesgartenschau hinweg konnte eine Vielzahl Besucher mit großer Begeisterung und Interesse etwas über unsere Umwelt, Natur und Landwirtschaft sowie die Arbeit des Ministeriums erfahren: ein schöner Erfolg für alle Mitarbeiterinnen und Mitarbeiter, die mitgeholfen haben, dieses Angebot auf die Beine zu stellen.

Der SWR „grünzeug"-Garten

Die Pfalz ist schön! Die Landschaft anregend und entspannend zugleich. Diese Atmosphäre spiegelt sich auch in den Gärten wider. Bester Beweis hierfür war der „SWR grünzeug"-Garten. Farbenfroh und vielfältig fing er den Charme der Region ein.

Ein mediterraner Wohlfühlgarten – eine Oase fur den Urlaub zu Hause. Gerade mal 280 Quadratmeter groß und doch alles da, was man brauchte. Die Gestaltung orientierte sich an dem typischen Gefühl, das die Pfalz bei ihren Bewohnern und Besuchern auslöst. Herzlichkeit und Gastfreundschaft zwischen Weinbergen, bunten Höfen und üppiger Pflanzenpracht. Hier konnte man Kaki, Aprikose, Kastanien und Feigen frisch aus dem eigenen Obstgarten genießen. Trompetenblume erklommen die Pergola. Mönchspfeffer, Rittersporn und Mädchenauge lagen zu ihren Füßen, Olivenbäume zierten Pflanzgefäße – die perfekte Urlaubsidylle. Man fühlte sich wie im sonnigen Süden. Aber es ist viel schöner: Man ist daheim!

Und mittendrin und fast immer präsent: Heike Boomgaarden! – Gartenschau und Heike Boomgaarden, das gehört einfach zusammen. Und in Landau ganz besonders. Es verging keine einzige Woche, ohne dass die gelernte Gärtnerin und Gartenbauingenieurin in vielerlei Hinsicht von der Gartenschau berichtete, und zwar auf vielen Ebenen und Kanälen.

Der grüne Daumen wurde ihr im Grunde schon durch ihren Nachnamen Boomgaarden in die Wiege gelegt. Gepaart mit der Liebe zu Natur und Garten, ihrer unnachahmlichen Lebenslust und dem herzerfrischenden Lachen war sie meist zuerst zu hören, und dann erst zu sehen. Von sich selbst sagt sie, sie habe den schönsten Beruf der Welt, und diese Freude übertrug sie während der ganzen sechs Monate auf die vielen Besucher, Zuhörer und Zuschauer.

Von April bis Oktober berichtete sie als Gartenfachfrau für den SWR in den regelmäßigen SWR 4 Radio-Sprechstunden, für „Kaffee oder Tee", die Landesschau oder „Grünzeug", das Magazin mit Themen rund um den Garten. Mit Tipps zum erfolgreichen Gärtnern sowie Trends, Accessoires, Deko-Ideen und Ausflugstipps fur den Südwesten. Immer samstags, 18.15 Uhr im SWR Fernsehen, moderiert von Heike Boomgaarden und Volker Kugel. Als erste Pflanzenbotschafterin der Deutschen Gartenbaugesellschaft 1822 e. V. und Pflanzendoktorin der Gartenakademie RLP verbreitete sie ihre grüne Botschaft für vielfältige und naturnahe Gärten bundesweit. Und nicht zu vergessen die vielen kleinen Gespräche über Gott und die Welt im Garten mit liebenswerten und gartenaffinen Menschen auf dem Gelände.

Zum geflügelten Wort wurde der Satz, „... ach Frau Boomgaarden, wo ich sie gerade sehe, ich hätte da eine Frage zu meinen Pflanzen..."

Universität Koblenz-Landau: Wir zeigen Profil

Universitätsstadt Landau – das Präfix deutet bereits darauf hin, dass die Bildungsstätte stark mit der Stadt in der Pfalz verknüpft ist. Als Arbeitgeber, Kulturstätte oder Kooperationspartner ist die Universität Koblenz-Landau eng mit ihrer Region vernetzt. Von den rund 15 000 Studenten besucht jeweils etwa die Hälfte den Campus Landau und den Campus Koblenz.

Nicht nur die Gartenkultur erhielt auf der Landesgartenschau eine Plattform. Die ausrichtende Stadt selbst stellte sich vor. Dadurch bot sich für die Universität die Chance, sowohl ihre Forschung und Bildungsangebote als auch ihr gesellschaftliches und kulturelles Engagement einer breiten Öffentlichkeit näher zu bringen. Die Präsenz auf der Landesgartenschau war vielfältig gestaltet und auf drei Standorte verteilt, um Besucher jeden Alters und unterschiedlicher Interessen anzusprechen.

Im urbanen Flair, in den Räumen eines ehemals vom französischen Militär genutzten Gebäudes konnten die Besucher verschiedene Bereiche der Universität, zum Teil interaktiv, kennen lernen. Kunst-Atelier, Dauerausstellung mit Exponaten aus der Forschung, Aquarienbereich und der „KulturCampus 110" waren in dem Gebäude 110 auf rund 700 qm untergebracht. Das über allem stehende Profil „Bildung·Mensch·Umwelt" der Universität Koblenz-Landau machte die Schwerpunkte, auf die sich die Hochschule konzentriert, deutlich.

Kunst-Atelier

Während der Vorlesungszeit ließen sich Kunststudenten von der besonderen Umgebung auf der Landesgartenschau zu kreativen Arbeiten inspirieren. Bis zu 110 Studenten nahmen wöchentlich an Lehrveranstaltungen im temporären Kunst-Atelier teil. Ihre vor Ort entstandene Kunstdrucke, Gemälde, Skulpturen oder auch Fotografien waren nur ein Teil der wechselnden Ausstellung. Besucher konnten den Studenten während ihrer Arbeit über die Schulter schauen, Erfahrungen austauschen und die erstellten Werke betrachten. Diese vielfältige Ausstellung des Kunst-Ateliers lud nicht nur Kunstliebhaber zum Verweilen ein, sondern viele der Besucher zeigten sich von den Werken beeindruckt.

Ausstellungsbereich

Im benachbarten Ausstellungsbereich im Gebäude 110 stellte sich die Universität Koblenz-Landau in ihrer Gesamtheit vor. Besucher konnten sich hier multimedial über die Universität und ihr vielseitiges Angebot informieren. Exponate präsentierten beispielhaft einzelne Forschungsbereiche.

Daneben forderte das Eyetracking-Spiel „Schau genau!" vom Institute for Web Science and Technology (WeST) den Besucher auf, nur mit den Augen, Flatasar, einen Schmetterling, zu steuern. Blüten mussten eingesammelt und Blumenarten bestimmt werden.

Für das Exponat „HUMInet" der Informatiker wurden 50 Sensoren auf einem Testareal auf dem Landesgartenschaugelände verteilt. Besucher konnten sich so über einen Bildschirm über die dort vorkommenden aktuellen Bodenmesswerte wie Temperatur oder Bodenfeuchtigkeit informieren.

Das Institut für Computervisualistik stellte den „X-Ray Mirror" aus, ein Computerprogramm, bei dem ein virtuelles Skelett die Bewegungen des Benutzers nachahmt und einen Einblick in das Innere eines Körpers ermöglicht.

Aquarienbereich

Eine magnetische Wirkung übten die beiden Aquarien auf die Besucher aus, in denen verschiedene aquatische Lebensräume vorgestellt wurden. Ein langgestrecktes Strömungsaquarium bildete einen typischen Bachoberlauf nach, der vor allem durch eine starke Strömung charakterisiert ist. Das zweite Becken hingegen zeigte einen Bachunterlauf wie beispielsweise den Bereich eines Altrheinarms, der sich hauptsächlich durch das Vorkommen von vielen Fischarten und wenig Strömung auszeichnet.

Die in den jeweiligen Lebensräumen vorzufindenden heimischen Fischarten bewohnten die Aquarien und luden Besucher jeglichen Alters zum Verweilen und Beobachten ein. Einige der Fische erhielten im Vorfeld einen Transponder, der, sobald sie nahe genug an der fest stationierten Antenne vorbeischwammen, registriert wurde. Ihre individuellen Daten, wie Alter, Größe und Gewicht, wurden daraufhin auf einen Monitor projiziert. Diese Methode findet Anwendung in aktuellen Forschungsprojekten des Instituts für Umweltwissenschaften, um zu erfahren, ob Maßnahmen zur Wiederherstellung der Durchgängigkeit von Fließgewässern für Wanderfische, wie beispielsweise die Bachforelle, erfolgreich sind.

Die Aquarien bereichern nach der Landesgartenschau zum einen das „Nature Lab", ein außerschulischer Lernort der „Ökosystemforschung Anlage Eußerthal" der Universität Koblenz-Landau. Zum anderen dienen sowohl das Strömungsaquarium als auch das Stillgewässeraquarium weiterhin wissenschaftlichen Untersuchungen, beispielsweise zur Ökologie bedrohter Fischarten.

KulturCampus 110

Mit dem „KulturCampus 110" präsentierte sich die Universität kulturell offen und innovativ und zeigte so einen Einblick in die Vielschichtigkeit des kulturellen Universitätslebens. Über 400 Künstler, Wissenschaftler und Studenten sowie Vertreter aus der Politik wirkten bei dem abwechslungsreichen Programm mit, das in 14 Themenreihen und einzelne Aktionstage gegliedert war.

Die Veranstaltungen umfassten Lesungen, Konzerte, Kurzfilme, Ausstellungen, Dokumentationen, Vorträge, Workshops, Diskussionsrunden, Theateraktionen und Theaterpädagogik. Einzelne Veranstaltungen fanden in Zusammenarbeit mit Buchverlagen, Ministerien und weiteren öffentlichen Einrichtungen statt und zeigten so die erfolgreiche Vernetzung der Universität mit der Region in diesem Bereich.

Zu den Programmhöhepunkten zählten die Auftritte von jungen Musikern aus der Region, der Besuch der Landauer Einrichtung Café Asyl, eine Lesung zu Erich Kästners weniger bekannten Werken sowie die Vorstellung der Träger des Martha-Saalfeld-Förderpreises.

Das Programm gab zudem einen Einblick in die facettenreichen Veranstaltungen der Universität Koblenz-Landau, die teils regelmäßig stattfinden und sich an ein breites Publikum richten.

Freilandmobil

Im Rahmen des Grünen Klassenzimmers bot die Universität Koblenz-Landau einen außerschulischen Lernort der besonderen Art: Ausgangspunkt für alle Angebote war das „Freilandmobil", ein von der Arbeitsgruppe Chemiedidaktik des Instituts für naturwissenschaftliche Bildung zu einem mobilen Schüler-Umweltlabor umgebauter ehemaliger Zirkuswagen.

Mehr als 1 500 Kinder und Jugendliche nahmen begeistert an den von den unterschiedlichsten Arbeitsgruppen der Universität konzipierten und vom „Zentrum für Bildung und Forschung an Außerschulischen Lernorten" (ZentrAL) koordinierten Kursen teil.

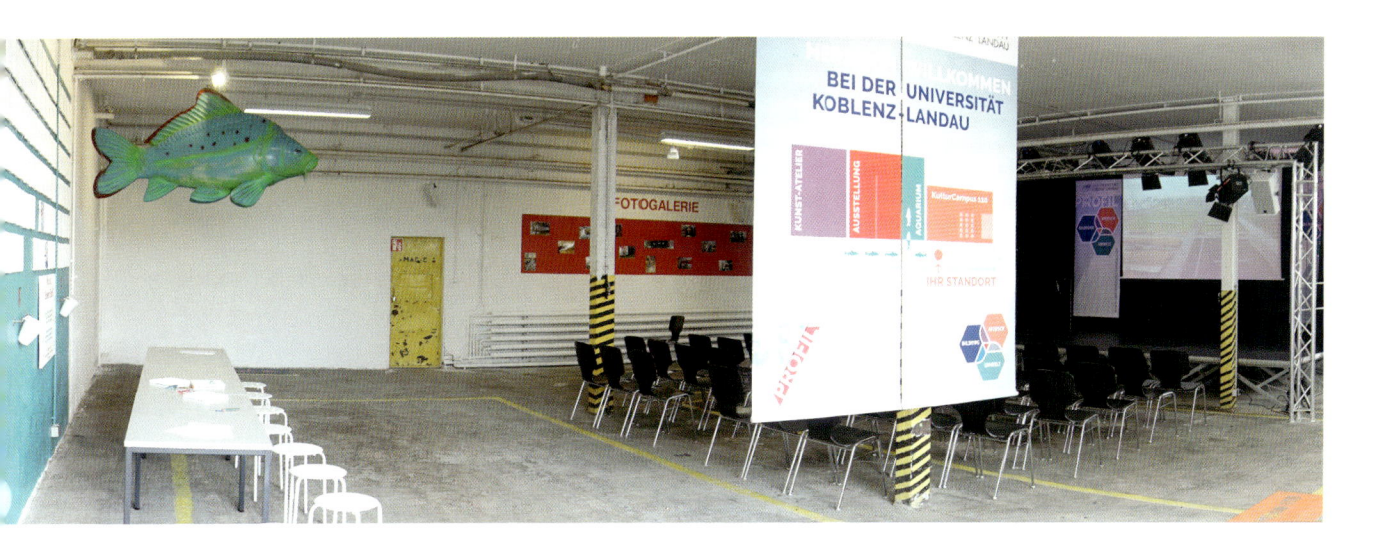

Hier konnten Kinder und Jugendliche vom Kindergarten bis zur Oberstufe zum Thema „Umweltprozesse verstehen" unter freiem Himmel mit allen Sinnen ihre Umwelt forschend entdecken. Das umfangreiche Angebot von rund 200 Kursen umfasste Themen wie „Nachhaltiger Weinbau", „Kraftwerke der Natur", „Sonne(n) mit Verstand", „Ökosystem Boden", „Streuobstwiesen", „Umwelt in der Box" und „Was ein Baum erzählt" zur Auswahl.

Zusätzlich bot die Arbeitsgruppe Chemiedidaktik allen Besuchern einen „Experiment(s)pass" an. 230 begeisterte Teilnehmer zwischen 3 und 63 Jahren führten die hier angebotenen anschaulichen Experimente durch, die ihnen verschiedene Phänomene rund um die Gartenschau erklärten.

Kreativ-Dorf

Als weiteres Angebot der Universität Koblenz-Landau animierte das „Kreativ-Dorf" auf der Wiese zum Eingang des Sport- und Freizeitgeländes die Besucher der Landesgartenschau, ihrer Fantasie freien Lauf zu lassen. Kunststudenten des Arbeitsbereichs „Kunst und kunstdidaktische Projekte" des Institut für Kunstwissenschaften und Bildende Kunst gaben den Anstoß zur Entstehung dieses besonderen Ortes.

Aus Zweigen errichteten sie zunächst Hütten. Zusätzlich bereitgestellte Materialien wie weitere Ruten, Schwemmholz, Gletscherkiesel, Keramik und Stoffe forderten die Besucher der Landesgartenschau auf, selbst tätig zu werden. Im Laufe des Sommers veränderte sich der Ort stetig. Von Schülern entworfene Fantasie-Blumen zierten das Kreativ-Dorf und eine Flechtwand aus bunten Bändern wuchs, so dass ein gemeinsames Textilkunstwerk entstand.

Mit ihrem vielfältigen Auftritt hob die Universität Koblenz-Landau ihren Facettenreichtum hervor. Von einer ehemals erziehungswissenschaftlichen Hochschule hat sie sich zu einer modernen, forschungsorientierten und international ausgerichteten Universität entwickelt.

An der Universität wird an acht Fachbereichen in Bildungs-, Erziehungs-, Kultur-, Sozial-, Natur- und Umweltwissenschaften sowie Psychologie und Informatik geforscht und gelehrt, mit innovativen Forschungsbereichen und attraktiven Studienangeboten. Daneben sprachen kulturelle Veranstaltungen, wie z.B. Poetry Slams, Akademiegespräche und „Große Begegnungen", ein vielfältiges Publikum an.

Die Teilnahme an der Landesgartenschau ermöglichte der Universität Koblenz-Landau einen nicht alltäglichen Austausch mit verschiedenen Bevölkerungsgruppen, welcher sicherlich für beide Seiten wertvolle Einblicke und Erfahrungen mit sich brachte.

Kunst auf der Gartenschau

Zwölf Arbeiten von Künstlern, ganz bewusst ohne Motto, um die Freiheit der Kunst nicht zu begrenzen, wurden auf dem Gartenschaugelände gezeigt. Die Arbeiten gingen auf ihren individuellen Standort ein und setzten sich mit der unmittelbaren Umgebung auseinander.

Das Arbeiten ohne Themenvorgabe ermöglichte es den Künstlern, den Raum und die Gelegenheit für Überraschungen, ungewohnte Blickwinkel, beeindruckende Ausmaße zu nutzen und die Verwendung neuer Materialien zu erproben.

Sëping – Der Wunsch des Propheten, für nur einen Tag Regen II
Auf einem Podest aus grauem Sichtbeton prangte ein Stück, in Aluminium gegossen und mit roter Ölfarbe bemalt. Die mehrfach geknotete Gestalt wird durch Knicke, Windungen und sich überlagernde Parteien verdichtet. Zwei Enden sind sichtbar, die gewünschte Illusion eines Schlauches erschien dem Betrachter ohne Aufforderung. Jedoch forderte der Titel der Arbeit den Betrachter auf, in die Interpretation des Werks seine eigenen Vorstellungen einzubringen.

Burghard Müller-Dannhausen – Der Farbwald
Eine Komposition von zwölf absolut senkrecht stehenden Winkelstäben aus Stahl, mit schrägen Farbbahnen lackiert, bildeten eine Antwort auf ihre Umgebung. Die gewollten optischen Täuschungen, die aus der Farbgebung entstanden, dynamisierten das Bild. Diese Dynamik unterstrich die „filmische" Dimension, die sich dem vorbeigehenden Betrachter bot.

Auf die horizontale Schräge der Rasenfläche antwortete die Arbeit durch eine vertikale Schräge der Farbbahnen. Die differenzierte Auffächerung der Farbe Rot stand komplementär zum Grün des umgebenden Rasens. Der farbintensive Augenmagnet stellte einen Kontrapunkt zum Freiraum des Ortes dar.

Stefan Kindel – Barke
Diese Arbeit thematisierte den Archetypus der Lebensreise, sie veranschaulichte Aufbruch, Abschied und Ankommen. Scheinbar lose ineinander gelegte Fassdauben bildeten eine schmale Barke, die gerudert oder gestakt über die Oberfläche eines ruhigen Gewässers gleitet, auf dem Weg zu einem Ort, wo sie ankommen wird, auf ein Ufer trifft. Die blau pigmentierte Innenseite unterstrich die Assoziation eines transzendenten Reisegefährts, wie auch die erkennbare Unfähigkeit zu schwimmen den Charakter des „Lebensschiffes" hervorhob.

Manfred Emmenberger-Kanzler – Square Dance
Komplexität bedeutet nicht, dass Einfachheit verlorengeht. Bei dieser Arbeit wurde ein Würfel halbiert und ineinander geschoben. So ergab sich eine Komplexität der Wahrnehmungsmöglichkeiten. Die geometrischen Rasenflächen wurden durch die Skulptur in die dritte Dimension gehoben, was ein vielfältiges Spiel von Räumen, Durchblicken, sich verschränkenden Linien und Flächen hervorbrachte.

Weitere Arbeiten:
Sigmund Albert – Vorsicht! Natur
Fabian Cronauer – Ohne Titel
Jochen Kitzbihler – Der Massefluss
Walter Mangold – Kapitalentwicklung
Pedi Matthies - Kompost-Komposition für Landau
Stefanie Schönberger – Feldarbeit III (Leon)
Ulrike Tillmann – Der virtuelle Friedhof der ausgestorbenen Pflanzen
Roswitha von der Driesch – Heimchen

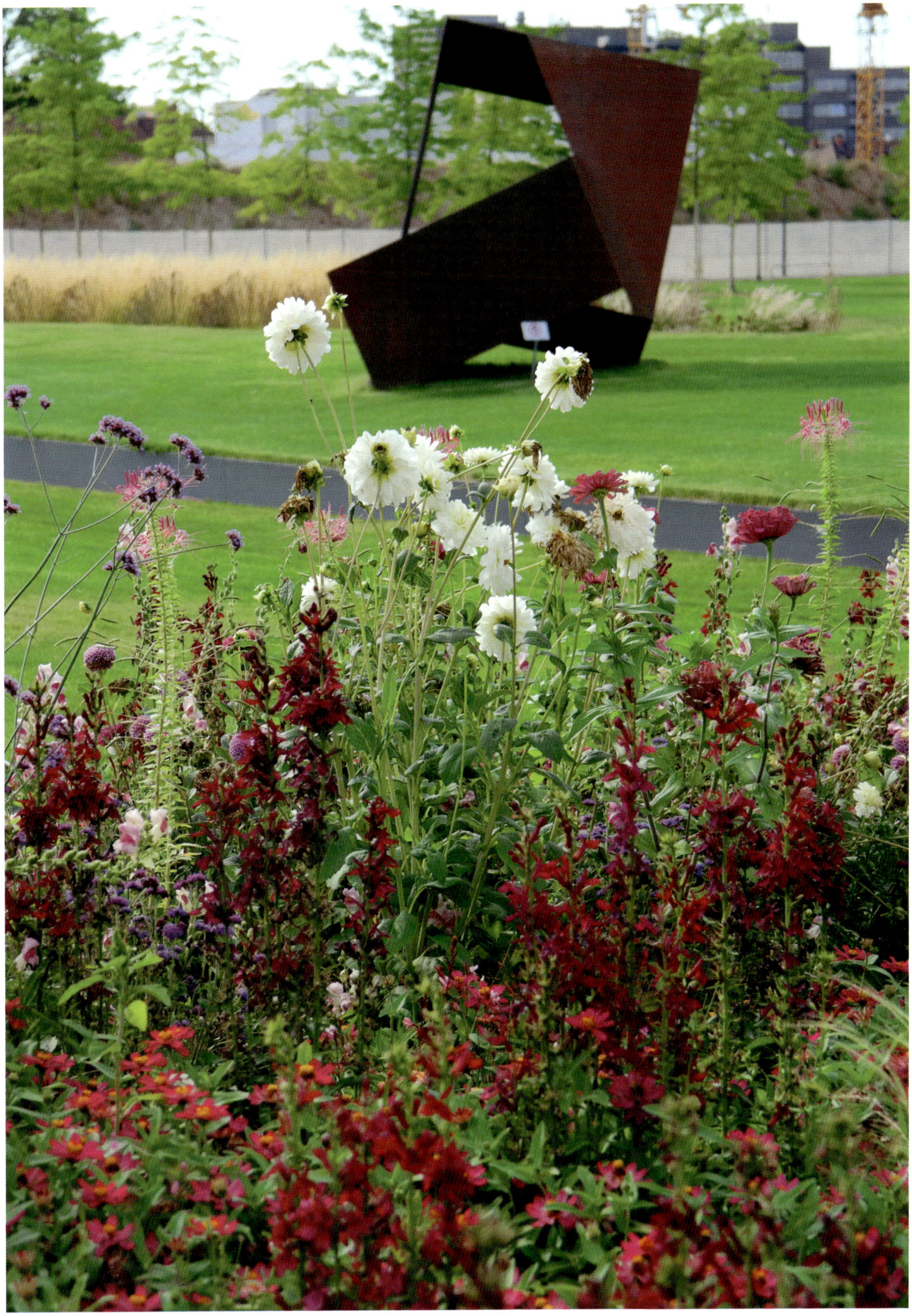

BAUHAUS

Auf 150 Quadratmetern zauberte BAUHAUS als exklusiver Partner der Landesgartenschau aus unterschiedlichsten Baustoffen und ausgesuchten Pflanzen einen kreativen Ausstellungsbeitrag, der das Fachwissen und das Sortiment des Spezialisten für Werkstatt, Haus und Garten herausstellte.

Der BAUHAUS Beitrag lud zum Entdecken und Staunen ein: Ein Holzpavillon mit Gabionen, ein kleines Wasserspiel und Pflastersteine – in dieser kleinen Ruheinsel zum Verweilen zeigte BAUHAUS, wie ein Garten kreativ gestaltet und zu einer ganz persönlichen Wohlfühl-Oase verwandelt werden kann. Ein echter Besuchermagnet war die farbenfrohe Blumenlandschaft beim Spezialist für Werkstatt, Haus und Garten. Die bunte Flora mit vielen Pflanzen der Qualitätsmarke Piardino wechselte dabei je nach Saison, sodass sich ein Besuch bei BAUHAUS immer wieder aufs Neue lohnte.

Die BAUHAUS Fachberater konnten bei zahlreichen Veranstaltungen den Kunden rund um das Thema Garten wertvolle Ratschläge geben. Neben Tipps zu Pflanzenpflege und Gartenwerkzeugen gab es auch außergewöhnliche Infoveranstaltungen, zum Beispiel über fleischfressende Pflanzen.

Ein Highlight war auch das Grillevent, das viele Genießer begeisterte. Und für Frauen, die sich trauen, wurden in Landau zwei Veranstaltungen der beliebten Handwerkerkurse für Frauen, die Women´s Night by BAUHAUS, unter freiem Himmel angeboten.

Natürlich gab es auch für die kleinen Besucher genau das Richtige: Beim Kids Club konnten die Kinder Insektenhotels bemalen, die Bienen als Rückzugsort dienen. BAUHAUS stellt den Schutz der Biene seit vielen Jahren in den Fokus. Schwindende Lebensräume, der Klimawandel, Bakterien und Parasiten oder chemische Pestizide sind einige Gründe, warum viele der ökologisch und ökonomisch enorm wichtigen Insekten sterben. BAUHAUS bietet deshalb verstärkt bienenfreundliche und -fördernde Produkte an. Mit Insektenhotels und sommerblühenden Grasflächen zum Beispiel kann jeder etwas zum Schutz der Bienen im heimischen Garten beitragen.

Was ist denn das???
Haben die Erdlinge das Unkraut eingesperrt? Und rein darf man auch nicht bzw. nur unter Lebensgefahr!

Hmmm, sieht aus wie eins von diesen Gartenkabinetten, nur noch skuriler mit großen Maschen...

... und seitlich verdellt?

Ich war's dieses Mal nicht! Muss wohl 'ne dicke Hummel oder 'ne übel gelaunte Hornisse gewesen sein.

Stimmt, da stand was in der Zeitung, ich erinnere mich. Der Käfig soll ein Kunstwerk gewesen sein, vor dem Rumms.

Und jetzt ist es nichts mehr wert, meint der Kunstsinnige?

Es sei zerstört, zumindest beschädigt, jammert er.

Der Bauzaun oder das Kunstwerk?

Gärtnermarkt

Was wäre der Besuch einer Landesgartenschau ohne die Gelegenheit zum Einkauf, ohne die Gelegenheit eine gesehene Idee direkt umsetzen zu können, ohne die Gelegenheit ein Erinnerungsstück mitzunehmen?

Im umfangreichen Angebot des Gärtnermarktes auf der Landesgartenschau Landau konnten die Besucher in aller Ruhe stöbern, sich informieren und Erinnerungsstücke erwerben. Für jeden Geschmack waren interessante und ausgefallene Stücke dabei. Ob Hüte, Taschen, Seifen, Gewürze, Keramik und Schmuck, auch nicht gärtnerisch genutzte Artikel erfreuten die Besucher.

Aber natürlich galt das Hauptinteresse den verschiedenen Möglichkeiten rund um Bepflanzung, Verschönerung und Pflege des Gartens. Pflanzsäcke zur Wandbegrünung, ausgefallene Kräuter, Samen, Scheren und Gartenwerkzeuge standen im Fokus der Gäste.

Wechselnde Angebote im Sortiment an Grün- und Blühpflanzen sowie Kakteen boten immer wieder neue Anregungen zur Gestaltung und Begrünung des eigenen Gartens.

■ ■ Souvenirshop

Im Souveniershop – untergebracht in einem ehemaligen Kasernengebäude, das dereinst als Funkstation genutzt wurde, boten sich mannigfaltige Möglichkeiten, dem Shopping-Drang nachzugeben. Ob T-Shirts, Polos, Caps, Tassen oder Gläser – der Merchandising-Shop auf der Landesgartenschau ließ das Herz jedes Souvenirjägers höher schlagen. Sogar „än Pälzer Schobbe to go"-Becher konnten die Besucher als Erinnerungsstück erwerben.

Darüber hinaus bot der Shop ein ausgewähltes Angebot an Pflanzen- und Blumenbüchern, Büchern aus und über die Region, Postkarten und anderen attraktiven Printerzeugnissen.

Nachhaltig handeln – global und regional

Seit jeher fühlt sich die Michelin Gruppe dem Anspruch verpflichtet, verantwortungsvoll und schonend mit der Umwelt umzugehen. Dieses Ziel ist nicht nur fest in der Unternehmensstrategie verankert, sondern wird auch aktiv an allen Standorten des Konzerns – in Deutschland und weltweit – umgesetzt. Mit der Unterstützung der rheinland-pfälzischen Landesgartenschau 2015 in Landau unterstreicht der global agierende Reifenhersteller erneut sein Engagement in der Region und transportiert gelebte Unternehmenswerte nach außen.

Als offizieller Partner übernahm Michelin die Patenschaft für Bäume und Mobiliar auf dem Gelände. Die Markenlogos mit unterschiedlichen Brandings hatten das Ziel, Besucher für ein bewusstes Leben und einen verantwortlichen Umgang mit der Natur zu sensibilisieren.

Darüber hinaus präsentierte sich Michelin im Rahmen der Kooperation an mehreren Terminen mit der Aktion „Wir machen Druck": Besucher konnten auf dem Parkplatz vor dem Gelände

Die Brandings auf den Parkbänken: Denkanstoß für erholungsbedürftige Besucher zu einem verantwortungsvollen Umgang mit der Natur.

kostenlos den Reifendruck ihres Fahrzeugs überprüfen und bei Bedarf korrigieren lassen. Mit der Aktion macht Michelin Verkehrsteilnehmer seit Jahren erfolgreich auf die Bedeutung der Reifen aufmerksam: Der richtige Reifendruck erhöht die Sicherheit und trägt durch geringeren Reifenverschleiß sowie optimalen Rollwiderstand gleichzeitig zu einer geringeren Belastung der Umwelt bei.

Mit dem außerschulischen Lernprojekt „Grünes Klassenzimmer" unterstützte Michelin ein weiteres wichtiges Projekt der Landesgartenschau. Ziel war es, Kinder und Jugendliche in praxisorientierten Kursen für ein verantwortungsvolles Miteinander und den schonenden Umgang mit der Umwelt zu sensibilisieren. Das Unternehmen hatte im Rahmen der Aktion Themen wie umweltschonende Reifenproduktion, Strom als kostbare Ressource und Umweltschutz über die Unternehmensgrenzen hinaus angeboten.

Auf den richtigen Reifendruck kommt es an: Damit tragen Autofahrer zur Sicherheit im Straßenverkehr bei und schonen die Umwelt.

Sportgeräte

Freundeskreis Landesgartenschau in der Pfalz 2015

Auf der Pyramiden-Partnerschaukel wird das Grundelement des Schaukelns um die Dimension des Hin- und Herschwingens erweitert: Wir bewegen nicht nur uns, wir bewegen durch unsere Bewegung andere. Zu Beginn ist es nicht leicht zu verstehen, was vor sich geht, wenn zwei Menschen auf der Partnerschaukel schaukeln.

Zu zweit entsteht die Freude, dass der eine schaukelt und der andere – ohne etwas dazu zu tun – ihm entgegen schwingt. Es kann aber auch geschehen, dass einer trotz aller Bemühungen keinen Schwung bekommt. Um so größer ist die Freude, wenn zeitversetzt, bedingt durch das System der gekoppelten Schwingung, der Schaukelimpuls kräftig zurückkommt. Nach und nach begreift man, wie der eigene Einsatz später einem selber zugute kommt, man sich im eigenen Körper und in Bezug auf den anderen wohlfühlt.

Der Arbeitskreis 3 des Freundeskreises der Landesgartenschau hatte „Generationen übergreifende Projekte" zum Thema. Die Gruppe hat eine Reihe von interaktiven Ideen für jung und alt angeboten; von den Planern wurden schließlich drei Geräte aufgenommen, auf denen mehrere Menschen jeglichen Alters miteinander spielen können: die große Partnerschaukel, den Wippring und die Slackline.

Zusätzlich wurde ein kleiner geschützter Garten mit Mühle- und Schachspiel eingerichtet. Die Anlage eines Kneippvereins-Gartens wurde ebenfalls vom Arbeitskreis 3 des Freundeskreises begleitet und unterstützt.

Die Pyramiden-Partnerschaukel ist weiterhin auf dem Gelände für die Öffentlichkeit zu nutzen, Wippring und Slackline wurden nach Ende der Landesgartenschau im Schiller- und im Goethepark installiert.

stadt.weiter.bauen

Eine Landesgartenschau steht nie für sich allein, die Zeiten einer Blümchenschau mit angeschlossener Kaffeefahrt für Senioren sind längst passé. Solche Großveranstaltungen haben stets Auswirkungen auf die Region und insbesondere auf die Stadt, in der sie „Stadtfinden". Das Thema Stadtentwicklung steht also mit an oberster Stelle beim Gedanken, sich für eine solche Veranstaltung zu bewerben. So haben beim mit Landesmitteln des Programmes Experimenteller Wohnungs- und Städtebau (ExWoSt) geförderten Projekt „stadt. weiter. bauen." die Stadt Landau, das Finanzministerium Rheinland-Pfalz sowie die Architektenkammer Rheinland-Pfalz Zukunftsthemen der Stadtentwicklung Landaus und der Region behandelt. Darüber hinaus hat die Architektenkammer Rheinland-Pfalz die Ausstellung genutzt, um die verschiedenen Fachkompetenzen ihrer Mitglieder dem interessierten Besucher näher zu bringen.

Mit Unterstützung eines Fachkuratoriums wurden Themenbereiche im Projekt stadt.weiter.bauen. gesetzt, die ihren Ursprung auf der Landesgartenschaufläche „Wohnpark Am Ebenberg" und in der historischen Entwicklung der Gesamtstadt haben: „wohnen.zukunft.gestalten.", „bestand.neu.leben.", „stadt.land.vernetzen." und „grün.stadt.wandeln." hießen die aussagekräftigen Themenfelder, welche durch „landau.quer.denken." zusammengehalten wurden und den Geist der Ergebnisse der Einzeldisziplinen prägte. Ziel des breit angelegten, konkurrenzlosen Prozesses war es, mit Bürgern, Experten, Landauern und Nichtlandauern die Stadt und ihre Stadtdörfer in die Zukunft zu denken. Das Ergebnis bestand in Thesen, verbunden mit Leitfragen als Grundlage für die weitere Stadtentwicklung. In Kooperation mit der Architektenkammer Rheinland-Pfalz und der Pfälzer Architektenschaft bot das Projekt „stadt.weiter. bauen." während der Landesgartenschau ein vielfältiges Programm aus 25 Ausstellungen, einer Vielzahl von Vortrags-, Diskussion- und Fachaustauschveranstaltungen, Mitmach- und Beratungsangeboten und themengerechten Führungen auf dem Gelände der Landesgartenschau. Doch nicht nur dort, auch in der Stadt selbst, fanden Projekte und Diskussionen statt. Der Elan, der mit diesem Projekt geweckt wurde, wird auch nach der Landesgartenschau erhalten bleiben. Ziel ist die Verstetigung des Diskussionsprozesses, um auch weiterhin ein transparentes Instrument zur bürgernahen Stadtentwicklung zu erhalten und einen konkreten Beitrag zur Bürgerbeteiligung zu leisten.

Vernissage stadt.weiter.bauen. und der Eröffnungsausstellung „In der Stadt Daheim" am 25. April 2015; von links nach rechts: Wolfgang Sautermeister, Mitglied des stadt.weiter.bauen.-Beirats, Doris Ahnen, Finanzministerin Rheinland-Pfalz, Gerold Reker, Präsident der Architektenkammer Rheinland-Pfalz und Hans-Dieter Schlimmer, Oberbürgermeister der Stadt Landau in der Pfalz.

wohnen.zukunft.gestalten.

Wohnraum ist in den Städten rar und oft teuer. Viele Menschen leben einsam, Familien brauchen konkrete Unterstützung und die Bevölkerung wird älter. Auch in Landau stellen sich die Fragen nach Wohnformen, die auf die Herausforderungen unserer Zeit eingehen.

Neue Konzepte für's Wohnen müssen sich mit mehr Fragestellungen als der nach einem guten Grundriss auseinandersetzen. Wo ist Platz? Wie kann dem Neuen Raum gegeben werden, ohne das Alte zu vernachlässigen oder zu verdrängen? Wie kann sich die Stadtgesellschaft auf die anstehenden Zukunftsthemen vorbereiten? Bezahlbarer Wohnraum für alle – wie kann das gewährleistet werden? Im Teilprojekt „wohnen.zukunft.gestalten" waren diese Fragen das zentrale Thema.

Ausstellung „(en)Lieux et Places – öffentliche Räume in Ostfrankreich"

Ausstellung "Gartenstadt der Zukunft"

grün.stadt.wandeln.

Das gute Angebot an Freiräumen in Landau – klassische Parks, Innenstadt-Plätze, Wegeverbindungen – bietet öffentlichen Raum zur Begegnung, ob bei Festen, im Park oder bei Demonstrationen. Aber auch die Kultur hat ihren Raum, wo z.B. skulpturale Arbeiten der Öffentlichkeit zugänglich gemacht werden.

„Die Stadt der Gärten – die Gärten der Stadt." Wie prägt die Geschichte der Grünraumentwicklung Landau? Die Stadt über ungewöhnliche Perspektiven im öffentlichen Raum erleben – was heißt das? Diese und weitere Fragen nach der Nutzung von Freiraum, dem Weiterdenken von Wegeverbindungen und aktualisierte Anforderungsprofile für Freiräume wurden im Teilprojekt „grün.stadt.wandeln." bearbeitet.

Ausstellung Architekturpreis Wein am 2. Juli 2015, Seite 149 oben
Ausstellung "Daheim zu Hause", Identifikation mit dem Quartier, Mitte
Ausstellung 8 (Dörfer) + 1 (Kernstadt) - Das gefällt mir hier, unten

stadt.land.vernetzen.

Einer besonderen Herausforderung stellte sich das Teilprojekt „stadt.land.vernetzen.". Landau ist als Mittelstadt mit einem urbanen Kern von ländlich geprägten Stadtteilen umgeben. Dies hat zur Folge, dass um eine gemeinsame Identität und abgestimmte Entwicklungsperspektive gerungen wird. Die Kernstadt ist geprägt von historischen Strukturen, aus der sich eine gemeinsame Identität der Landauer Bürger mit ihrer Stadt ableitet.

Durch Eingemeindungen ist der Stadtkern von Stadtdörfern umgeben. Die Herausforderung besteht darin, den spezifischen Anforderungen eines jeden Teilortes gerecht zu werden, ohne dabei das große Ganze der Stadtentwicklung aus den Augen zu verlieren.

Die Zukunftsfragen sind je Teilort unterschiedlich, werden aber im Schwerpunkt Innenentwicklung, Wandel der Infrastruktur und Wohnangebote für breite Bevölkerungsschichten betreffen. So ist die Frage der Chancen und Herausforderungen einer Stadtfigur „Kernstadt mit Stadtdörfern" zu klären. Die Selbstverständlichkeiten der Partner müssen zur Sprache gebracht werden. Und: Was folgt aus einem Bewusstsein, eine Stadt unweit der französischen Grenze zu sein?

Mit diesen und zahlreichen weiteren Fragen beschäftigt sich der komplexe Themenbereich stadt.land.vernetzen.

Themenvernissage bestand.neu.leben - „Außenansichten – Innenansichten" am 30.07.2015

bestand.neu.leben.

Das eindrucksvolle Stadtbild, entstanden aus einem reichen kulturellen Erbe, vermittelt mehr Vertrautheit als gesichtslose Stadtzentren. Dieses Potential gilt es zu aktivieren, ohne dabei die Herausforderungen außer Acht zu lassen. Landau zeichnet eine wunderbare Baustruktur quer durch die Jahrhunderte aus und stellt eine permanente Aufgabe für Eigentümer und Stadt dar. Es gilt, die Strukturen zu erkennen, zu erhalten, zu pflegen, zu nutzen und behutsam zu ergänzen.

Zentrale Fragen des Teilprojektes „bestand.neu.leben." sind deshalb u.a.: Wie kann bei teilweise maroden Immobilien ein denkmalgerechter wie wirtschaftlicher Umgang realisiert werden? Wie können innovative, kreative Ideen zur Neuentwicklung und Pflege von historischen Strukturen entwickelt werden, um die Landauer Bautradition zu erhalten? Welcher handwerklichen Fähigkeiten bedarf es bei Fachkräften?

Fragen, die im Rahmen des Themenstrangs stadt.land.vernetzen. zu einer der zentralen Frage, nämlich die nach dem Genius Loci Landaus und dem künftigen Umgang damit führten.

Einladung | Ausstellung und Werkstattgespräche in Landau | **Vorher – Nachher**

stadt.weiter.bauen. quer gedacht – ein Bürgerbeteiligungsformat

Das Schlagwort Bürgerbeteiligung ist populär und wird von ganz verschiedenen Akteuren verstärkt eingefordert. Adressat der Forderungen ist im Schwerpunkt die Verwaltung einer Stadt. Hier laufen die Fäden zu prägenden Planungsprojekten zusammen, daher ist dies folgerichtig. Auch Landau diskutiert aktuell, wie der Landauer Weg zu einer neuen Bürgerbeteiligungskultur aussehen kann.

Wie passt stadt.weiter.bauen. da hinein? Ein erklärtes Ziel des Prozesses stadt.weiter.bauen. seit Anfang 2014 und bei der Ausstellung während der Landesgartenschau 2015 war es, unterschiedliche Akteure in die Diskussion auf vielfältige Arten einzubinden. So konnten zahlreiche Erfahrungen zu verschiedensten Bürgerbeteiligungsformaten gesammelt werden. Wesentlich war zu jeder Zeit eine ehrliche, empathische Kommunikation auf Augenhöhe, in der absolut klar war, wer welche Rolle und welchen Gestaltungs- und Entscheidungsspielraum hat.

Roter Faden - Stadtraum = Lebensraum 2.0 am 16. September 2015

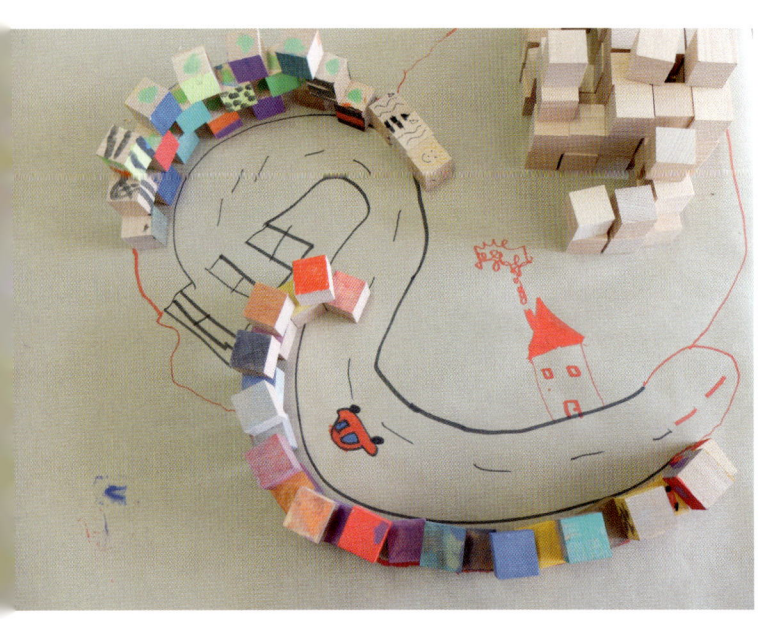

Die Schritte und Ziele in der Zusammenarbeit mit Akteuren wurden differenziert in:

Informieren
Hierzu dienten insbesondere die Ausstellungen, Fachführungen, Beratungsangebote und Vortragsveranstaltungen.
Offen und transparent wurden Varianten, Konzepte, Ideen und Arbeitsschritte kommuniziert.
Ziel war es, dass die Diskutanten den gleichen Informationsstand haben.
Primär wurden Informationen ausgetauscht und gefragt. Hier geschah eine erste Meinungsbildung, Anregungen wurden aufgenommen.
Ziel: Informierte Akteure

Aktivieren und Beteiligen
Hierzu dienten die Podiumsdiskussionen, Fachaustausch und Mitmachangebote.
Konkrete Planungsfragen wurden zur Ideenentwicklung an Bürgergruppen gegeben, möglichst vielfältige Gruppen wurden zur Kommentierung aufgefordert. Dies war die Phase der freien Sammlung, der offenen Haltung und der konkreten Projektausarbeitung.
Ziel: Impulsgebende Akteure

Kooperieren und Umsetzen
Dies wird vor allem die Zukunft des stadt.weiter.bauen. Prozesses sein. Einige erste Ansätze wurden in den Bürgerwerkstätten, konkrete Projekte mit dem aktualisierten Rahmenplan, der Gestaltungsfibel, sowie dem Planungsprozess der Baugemeinschaften im „Wohnpark Am Ebenberg" umgesetzt.
Diskussionen auf Augenhöhe nahmen alle Akteure gemeinsam in die Verantwortung. Sowohl bei der realen Umsetzung der Projekte, als auch bei der Reflektion der Ergebnisse waren die Akteure präsent. Dies reichte von einer Sprecherrolle einer Interessentengruppe, über soziales Engagement bis hin zur Arbeit mit dem Spaten.
Ziel: Verantwortung übernehmende Akteure

stadt.weiter.bauen. – Fortsetzung folgt…!
Am Ende des halben Jahres hat die Sichtung alles Gesagten, Gesehenen und Diskutierten zur Ableitung von ersten themenbezogenen Thesen und Leitfragen geführt. Diese bilden die Grundlage für Diskussionen rund um das Thema Stadtentwicklung in Landau und werden in den Monaten nach der Landesgartenschau weiter ausdifferenziert, um letztlich im Jahr 2016 in einen Handlungsleitfaden für die Verwaltung und die politischen Gremien der Stadt Landau zu münden.

Landau packt aus

Schaufenster in die Vergangenheit: Seit dem 17. Jahrhundert prägt eine wechselvolle Geschichte die Stadt und ihre Einwohner. Viele Themen und viele Facetten begleiteten Landau durch den Wandel der Zeiten. Der Festungsbau hatte seine Auswirkungen auf die Stadtgeschichte, monatelange Belagerungen waren durchzustehen, die Freiheitsbewegungen von der Französischen Revolution bis zur Revolution 1848/49 gingen nicht spurlos vorüber und die Beziehungen zu Frankreich und Bayern sowie zwischen Soldaten und Zivilisten trugen dazu bei, Landau zu dem zu machen, was es heute ist und morgen sein wird.

Zweifellos passend zum rustikalen Ambiente der ehemaligen Pferdestallungen wurden vom Archiv und Museum der Stadt Landau und vom Festungsbauverein Landau – les amis de Vauban e.V. in einfachen Holzkisten Einblicke, Stimmungen und Erkenntnisse präsentiert.

Vieles wollte gezeigt werden und wurde gezeigt, dennoch blieb so manches doch eingepackt. Anderes wird an anderer Stelle in der Stadt ausführlicher gezeigt, ist begeh- und erlebbar: zum Beispiel an der Lunette 41 oder im Frank-Loebschen-Haus.

Die Kinder- und Jugendfarm in Landau

Kinder- und Jugendfarmen sind ein wertvoller Freiraum für Kinder und Jugendliche zum Toben, Klettern, Basteln, Bauen, Ausprobieren und Entdecken. Auf einem naturbelassenen, wohnortnahen Gelände werden die Kinder, unabhängig von Herkunft und sozialem Status, durch pädagogisch qualifizierte Mitarbeiter betreut. Das Mitmachen im offenen Betrieb ist für jedes Kind kostenfrei. Es soll ein Ort sein, an dem sie in freier Natur handelnd spielen und lernen können und an dem sie gemeinsam Pflanzen, Tiere, Handwerk und Kinderkultur praktisch begreifen und erfahren.

Ziel des sich 2012 gegründeten Vereins Kinder- und Jugendfarm Landau e.V. ist es, eine sinnvolle Freizeitbeschäftigung für 6-14 jährige als offenes Angebot nachmittags anzubieten. Der Verein kooperiert mit Schulen, Kindergärten, der Landauer Universität und anderen Einrichtungen als „außerschulischer Lernort" in dem Sinne „Spielen bildet". Vormittags werden im Rahmen des Grünen Klassenzimmers Kurse aus unterschiedlichen Bereichen wie Sachkunde, Biologie, Kunst oder Werken angeboten. Diese Kurse sind eine wunderbare Ergänzung zum Unterricht in der Schule. Nachmittags haben alle Kinder im Alter von 6-14 Jahren, sowie jüngere Kinder in Begleitung einer Aufsichtsperson, die Möglichkeit den offenen Betrieb zu besuchen. Schülergruppen können im Rahmen der Ganztagsschule oder anderer Betreuungseinrichtungen ebenfalls zum offenen Betrieb kommen.

Ganzjährig werden ein reizvolles Naturgelände für freies, kreatives Spiel im verantwortlichen Umgang miteinander und der Natur angeboten.

Die Grundelemente einer Kinder- und Jugendfarm sind:
- der Baubereich: Hüttenbau u.a. aus Holz, Lehm, Stein und anderem Material, sowie verschiedene handwerkliche Aktivitäten
- der Pflanzenbereich: Nutz- und Ziergärten, Bäume/Büsche/Wiese etc. auf dem Gelände, Landschaftsformen - Flora der Umgebung
- die Kinderkultur im Freien: Theater, Musik, Kunst, Singen, Freiluftkino, Märchen/Lesungen, Erkundung der Umgebung/des Heimatorts usw.
- der Tierbereich: Fauna der Umgebung wie Vögel, Insekten, Eidechsen, Igel usw., Kleintiere (Kaninchen, Meerschweinchen), Nutztiere (Hühner, Schafe), Reittiere (Ponys, Esel oder Pferde)

Während der Landesgartenschau betreuten und informierten 40 ehrenamtliche Helfer insgesamt circa 15 000 Besucher.

Vormittags konnten Kurse des Grünen Klassenzimmers von Grundschulen, Förderschulen sowie Kindergartengruppen gebucht werden. Insgesamt standen 120 verschiedene Kurse aus den Bereichen Handwerk, Natur, Kreativität und Spielkultur zur Auswahl. Dazu gehörten unter anderem die Holz- und Tonwerkstatt, Wasserexperimente, „vom Korn zum Brot", Traumfänger basteln, alte Kinderspiele und vieles mehr.

Ein großer Erfolg im Grünen Klassenzimmer waren die Kurse für Förderschulen. Diese Kursangebote wurden in Kooperation mit dem Institut für Sonderpädagogik der Universität Landau durchgeführt und fanden sehr großen Anklang bei allen Beteiligten.

Während der Landesgartenschau fand neben dem Grünen Klassenzimmer täglich von 12–17 Uhr der offene Betrieb statt. Die Kinder konnten das Gelände und die verschiedenen Angebote und Aktivitäten wie klettern, Trampolin springen, balancieren, an Staffeleien malen, im Matschbereich spielen, in der Holzwerkstatt Nagelbilder entwerfen, Tischtennis spielen und noch einiges mehr in Anspruch nehmen. Besonders beliebt war der Hüttenbau. Vier Hütten wurden während der Zeit der Landesgartenschau gebaut. Auch die Murmelbahn, die immer wieder neu zusammengebaut werden konnte, fand regen Anklang. Ebenso gab es auch während des offenen Betriebes unterschiedliche Kreativangebote wie Wollschafe basteln oder Windlichter herstellen. Im Gartenbereich konnten die Kindern Kräuter erkunden und Obst und Gemüse ernten. Und wer sich dann bei so viel Trubel doch mal ausruhen wollte, konnte dies in einer der Hängematten tun, die bei schönem Wetter zum Ausruhen und Plaudern einluden.

Am Eröffnungstag der Landesgartenschau am 17.04.15 fand eine Schatzsuche auf dem Gelände statt. Viele Besucher kamen und wurden zu wagemutigen Schatzsuchern. Sie lösten knifflige Rätsel und suchten – erfolgreich - in den entlegensten Winkeln nach dem sagenumwobenen Schatz des alten Piratenkapitäns Grünbart.

Ein ganz besonderer Tag war die offizielle Eröffnung der Kinder- und Jugendfarm Landau e.V. am 26.04.2015. Es kamen sehr viele Gäste und feierten mit. Im Anschluss an die lobenden Ansprachen trat die Trommelgruppe der Musikschule Herxheim und der Clown Cannelloni mit ihrem beeindruckenden Programm auf. Danach konnten Kinder jeden Alters zwischen dem abwechslungsreichen Angebot wählen.

Der Tag der Jugendfarmen, der ebenfalls sehr gut besucht war, war ein weiterer Höhepunkt. Gemeinsam mit Kolleginnen und Kollegen von ver-

Am 26. April 2015 wurde die erste Kinder-und Jugendfarm während einer Landesgartenschau eröffnet. Oberbürgermeister Hans-Dieter Schlimmer, Bürgermeister Thomas Hirsch und andere Unterstützer der Kinder-und Jugendfarm wie Herr Wolff vom Freundeskreis der Landesgartenschau waren zu Gast und feierten mit den Initiatoren, den Kindern und Jugendlichen diesen ganz besonderen Tag.

Am 9. September 2015 war Frau Irene Alt, die rheinlandpfälzische Ministerin für Integration, Familie, Kinder, Jugend und Frauen zu Besuch. Dagmar Flörchinger, 1. Vorsitende des Vereins Kinder-und Jugendfarm Landau e.V., zeigte ihr das Gelände.

schiedenen Kinder- und Jugendfarmen, sowie dem Geschäftsführer des Dachverbandes der Jugendfarmen und Abenteuerspielplätze, BdJA, wurde dieser Tag gestaltet. Den Kindern wurden abwechslungsreiche Aktivitäten wie beispielsweise die Malwerkstatt angeboten, in der verschiedene Farben aus Naturmaterialien selbst hergestellt werden konnten, zudem gab es unterschiedliche Spielstationen zu nutzen.

Ein ganz besonderes Erlebnis waren auch die Tiertage. An verschiedenen Tagen kamen jeweils Esel, Schafe und Kaninchen zu Besuch. Für die Kinder war dies eine ganz besondere Attraktion, denn sie hatten die Möglichkeit, die Lebensweisen der Tiere hautnah mitzuerleben und so den Umgang mit ihnen zu erlernen. Die Tiere bereicherten nicht nur das Angebot, sondern belebten auch das Gelände der Kinder- und Jugendfarm und brachten sowohl Kindern als auch Erwachsenen viel Freude.

Die Kinder- und Jugendfarm wird auch nach der Landesgartenschau weiter bestehen bleiben!

Ab November 2015 können Schulklassen und Kindergartengruppen wieder Kurse und Projekte des Grünen Klassenzimmers buchen oder einfach nur die vielfältigen Möglichkeiten des Geländes nutzen. Das Vormittagsprogramm findet nur nach Anmeldung statt.

An verschiedenen Nachmittagen findet der offene Betrieb, für alle kostenlos, statt.

Außerdem können Kinder ihren Geburtstag ab Januar 2016 auf der Kinder- und Jugendfarm feiern. Näheres dazu und alle weiteren Termine und Einzelheiten finden Sie auf der Homepage: www.kinderundjugendfarm-landau.de

So feierte Landau!

Die Landesgartenschau 2015 wurde bereichert durch ein umfangreiches Angebot an Informations- und Kulturveranstaltungen. Nahezu jeder Verein bekam die Gelegenheit, sich vorzustellen und z.B. durch eine Darbietung das Können zu präsentieren. Doch nicht nur die Veranstaltungen anlässlich der Landesgartenschau, auch die „üblichen" Feste in der Stadt konnten im Schlepptau der Großveranstaltung zahlreiche Besucher vermelden und haben damit auch dazu zum Erfolg der Landesgartenschau beigetragen.

SWR Sommer-Show am 14. August 2015

„Blühende Landesgartenschau – Die SWR Sommer-Show aus Landau" hieß es am Freitag, 14. August 2015, als Moderator Martin Seidler um 20.15 Uhr die Bühne betrat. Das SWR Fernsehen übertrug live eine Sendung, die sowohl die Blüten- und Farbenvielfalt der Landesgartenschau als auch illustre Gäste in Szene setzte.

Der Bogen spannte sich vom Rock'n'Roll des neuen Elvis-Musicals über Musikkabarett von Andy Ost bis zum von Fantasy inspirierten Gesang der zweifachen Echopreisträgerin Oonagh. Und zwei Königinnen gaben sich ebenfalls die Ehre.

Der zweifache royale Besuch hatte quasi ein Heimspiel, kommen doch die zur Landesgartenschau gekrönte Dahlienkönigin Magdalena Rehm und die Deutsche Weinkönigin Janina Huhn beide aus der Pfalz. Sie erschienen „standesgemäß" im „Landauer".

Weniger hoheitlich, dafür aber umso amüsanter: der Musikkabarettist Andy Ost, der sich ganz dem Thema Rasen, Pflanzen und Co. widmete. Stardesigner Michael Michalsky war zu Gast, er entwarf und gestaltete das Umfeld für entspannte Weinentdeckungen: Die Vinothek „Par Terre". SWR-Gartenexpertin Heike Boomgaarden gab Tipps und Tricks für die eigene Grünanlage. Und schließlich war das Publikum selbst gefordert: Gemeinsam mit dem Ballonkünstler Ralf Esslinger sollte ein neuer Weltrekord im Blumen-Modellieren aufgetellt werden.

Insgesamt standen rund 1050 Sitzplätze in Form von Reihenbestuhlung für die Besucher zur Verfügung. Darüber hinaus konnte die Veranstaltung vom eigenen Klappstuhl oder der Picknickdecke aus erlebt werden.

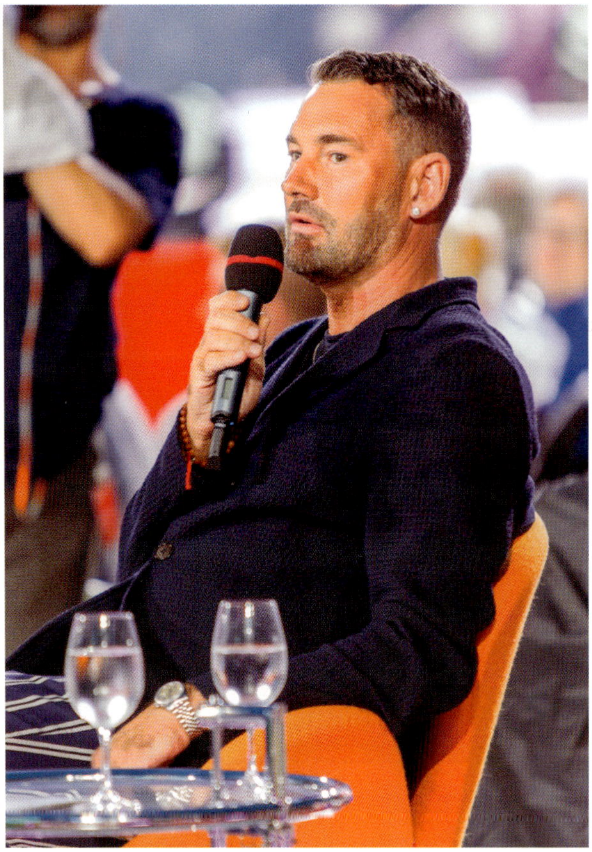

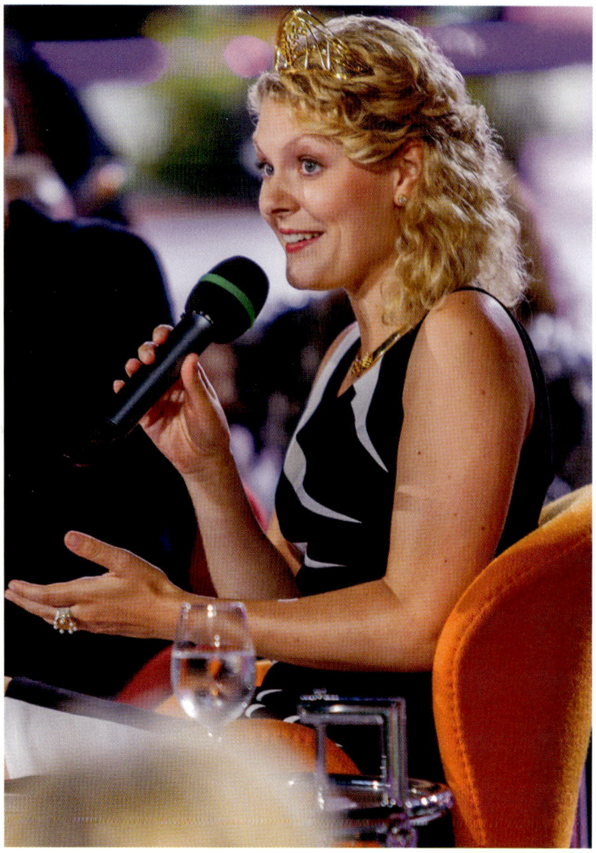

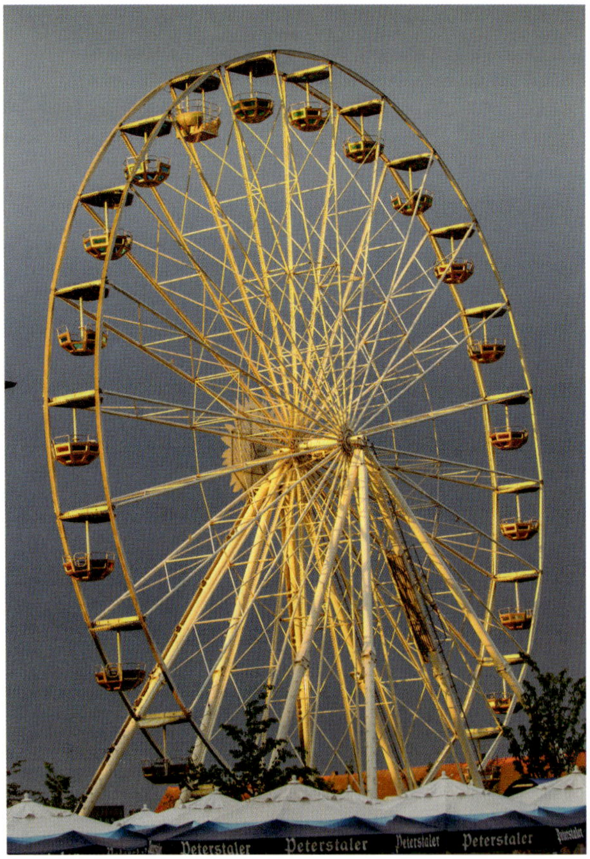
Peterstaler
Peterstaler
Peterstaler
Peterstaler

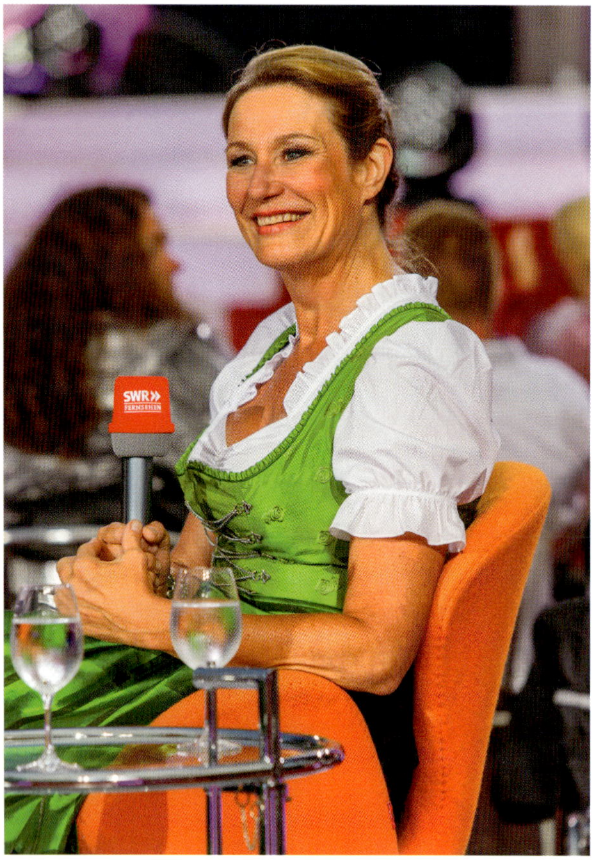
SWR

Medienpartner SWR

Der Südwestrundfunk war regelmäßig auf der Landesgartenschau vor Ort, um den Rest des Landes über das Großereignis zu informieren. So hatte Heike Boomgaarden in der „SWR 4 Gartensprechstunde" vieles zum Thema Garten zu bemerken, wie mit ihr auch in der Magazin-Reihe „SWR grünzeug" im gleichnamigen Garten zusammen mit Volker Kugel einige Sendungen produziert wurden.

Für Unterhaltung sorgte der „SWR1 Jukebox-Day", und vom 8. bis 12. Juni sendete die „Landesschau Rheinland-Pfalz" live von der Südpfalz-Bühne. Das SWR-Fernsehen veranstaltete vom 9. bis 11. Juni anschließend drei Open-Air-Kinoabende. Die „SWR 4 Schlagernacht", auf der sich diverse Top-Künstler ein Stelldichein gaben, machte am 26. Juli zumindest für die Ohren die Nacht zum Tag. Den medialen Höhepunkt bildete am 14. August die Sendung „SWR-Fernsehshow, live von der Landesgartenschau" mit Martin Seidler und vielen Gästen.

Die „Landesschau Rheinland-Pfalz" verließ vom 8. bis 12. Juni 2015 für eine Woche ihr gewohntes Studio und berichtete live von der Südpfalz-Bühne der Landesgartenschau in Landau. Moderatorin Patricia Küll stellt den Zuschauern des SWR Fernsehens täglich von 18.45 Uhr bis 19.30 Uhr alles rund um das große rheinland-pfälzische „Gartenfest" vor. Dabei standen neben den bunten Gärten auch die Menschen im Mittelpunkt, die dafür sorgten, dass in Landau sechs Monate lang das „grüne Herz" von Rheinland-Pfalz geschlagen hat.

Rund um die „Landesschau" sorgte der SWR in dieser Woche für weitere Unterhaltung. Auf der Südpfalz-Bühne wurden im Anschluss an die Sendung vom 9.6. bis 11.6., jeweils ab 20 Uhr, Fernsehfilme vorgeführt und verwandelten somit die Landesgartenschau in den Abendstunden in ein Open-Air-Kino.

Ein weiterer Medienpartner neben dem SWR war Die Rheinpfalz, die regelmäßig aus der Gläsernen Redaktion über die Ereignisse der Landesgartenschau berichtete.

Weitere wichtige Partner und Sonosoren der Landesgartenschau in Landau 2015 waren: Sparkasse Südliche Weinstraße, EnergieSüdwest, BAUHAUS, VR Bank Südpfalz, Lotto Rheinland-Pfalz, Michelin, wintershall und Parkhotel Landau. Regionalpartner waren SBK und Fitz Walter.

Faszination Chor

Seit 1860 besteht der Chorverband der Pfalz, gegründet in Kaiserslautern als Pfälzischer Sängerbund, hervorgegangen aus dem Zusammenschluss von Chören in der damaligen bayerischen Rheinpfalz. Zu den singenden Männern gesellten sich in der ersten Hälfte des 20. Jahrhunderts Frauen, Mädchen und Buben.

Die Öffnung unserer Welt durch die Medien und neuer Kommunikationstechnik brachte den singenden Menschen die „Weltmusik" ins Haus. Die Chorwelt reagierte, die vaterländisch gesinnten und mit nationalem Pathos versehenen Männerchorlieder des 19. Jahrhunderts mit der Pflege des „deutschen Liedes" standen nicht mehr im Mittelpunkt. Eine neue Gattung hatte sich gebildet: Der „moderne Chor" als Projektchor, Gospel- und Spiritualchor, Rock- und Popchor belebt und bereichert die Chorszene und hat viele Menschen neu zum Mitmachen angeregt. Dennoch wurde nicht all die wunderbare Literatur vergangener Zeiten aus dem sakralen Bereich, aus Oper, Operette und klassischer Musik vergessen.

Einen Einblick in das zeitgemäße, anspruchsvolle und vielfarbige Chorverständnis konnte bei den Darbietungen unter dem Titel „Faszination

Chor – Chöre des Chorverbandes der Pfalz präsentieren sich auf der Landesgartenschau Landau" gegeben werden. Neben den an Mittwochnachmittagen terminierten Präsentationen der Chöre gab es eine Reihe weiterer Chorveranstaltungen. Genannt seien als Beispiele die ChorGala des Chorverbandes, das „singende Riesenrad" und die Verleihung der „Carusos"-Auszeichnungen an Kindergärten für ihr regelmäßiges und kindgerechtes Singen.

Aus mehr als 70 Vereinen traten über 100 Chöre aus ganz Rheinland-Pfalz auf. 20 Chöre aus dem Nordteil des Landes schlossen sich dem Pfälzer Aufruf aus dem Süden an, gestalteten das kulturelle Programm mit und zeigten sich ohne Ausnahme begeistert von der Gartenschau. Mehr als 3 000 Sängerinnen und Sänger waren damit aktiv beteiligt.

Der materielle und finanzielle Aufwand wurde vom Chorverband, so der amtierende Präsident, Hartmut Doppler, gerne übernommen. Er hatte die Gartenschau aktiv begleitet und somit auch zum Erfolg erheblich beigetragen. Zudem konnte intensiv die Möglichkeit genutzt werden, um für das Chorsingen zu werben. Allen mitwirkenden Chören mit ihren Sängerinnen und Sängern, ihren Chorleiterinnen und Chorleitern und den musikalischen Begleitern, allen eingesetzten Bühnenverantwortlichen aus dem Präsidium und aus den Kreischorverbänden sei ganz herzlich gedankt.

Jeden Mittwoch das Gleiche!
„Kein schööööner Laaaand!"
Und trallala...

Aber wir sind doch hier
nicht in Ascot! Oder hast
Du Pferde gesehen?

Und alle kommen mit diesen Strohhüten.

Scheinbar putzen sich diese Erdlinge
zum Musikhören schön raus.

Pferde nicht, aber viele Meistersinger. Ein
wahrer Sängerwettstreit, Song-Contest!

Is' ja gut, aber irgendwann
möcht' ich mal meine Ruhe
haben. Zum Dunner!
Den Hutträgern geht's ähnlich:
Die haben die Hüte als Hör-
schutz dabei.

Sei doch nicht so ungerecht! Du
siehst doch, das ist auch immer gut
besucht, das Chorsingen. Immerhin
haben die über 20 Veranstaltungen
über die Zeit organisiert. Und über
3 000 Leute damit aufs Gelände be-
bracht! Chapeau!

A Ruah is'! Halleluja!!

Dicke Kinder Live Music Session
am 13. Mai 2015

Als Botschafter der Landesgartenschau haben sich „Die Dicken Kinder" für ihre LIVE MUSIC SESSION auf der Sparkassen-Bühne der Landesgartenschau etwas besonderes einfallen lasen: Als Gast war Superstar LARSITO (Culcha Candela) geladen und sang mit der Kultband aus Landau, die die Stadt vertreten wie keine andere Band der Region. Seit neun Jahren bereits bilden sie ein Flagschiff der regionalen Musikszene und auf vielen ihrer Konzerte haben sie es immer wieder geschafft, internationale Stars als Gäste auf die Bühnen zu bringen. Und auch bei diesem Event überzeugte die Band mit musikalischer Extraklasse und verschaffte den Anwesenden einen anregenden musikalischen Abend.

Lichtershow am 16. Mai 2015

Das Lichterfest „1000 und 2 Nächte – Im Labyrinth der Geschichten" zeigte den Besuchern eine faszinierende Welt aus Wasser, Licht und Schatten. Tausende Lichter verwandelten die 750 Meter lange Landschaftsachse der Gartenschau vom Park der Generationen bis zum EnergieSüdwest Aussichtsturm in ein romantisches Lichtermeer. Neben den Lichtinstallationen warteten zahlreiche unterhaltsame Showeinlagen wie Schattentheater, mobile Tänzer, musikalische Beiträge, Videoprojektionen sowie ein Wasserglasturm auf die Besucher.

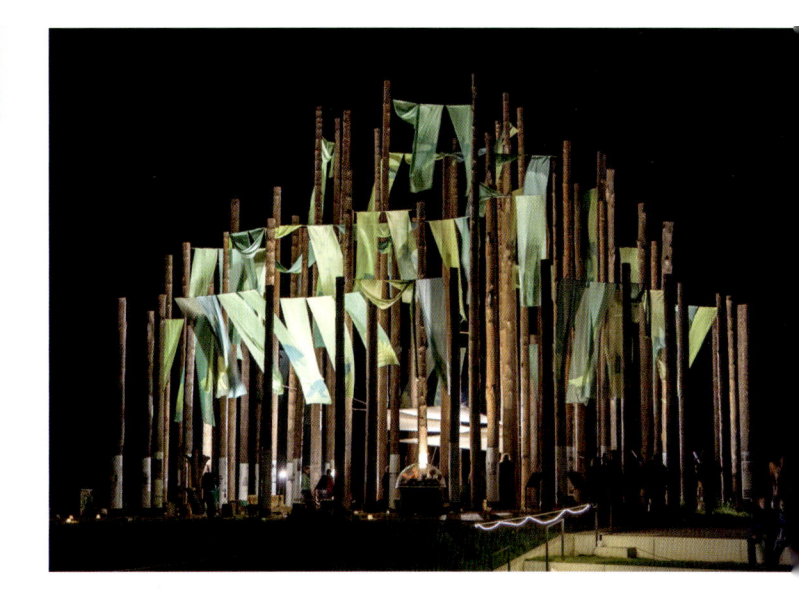

Münchener Freiheit am 30. Mai 2015

Zu jung zum Sterben, zu alt um immer wieder das gleiche zu machen. Mit viel frischem Wind startete die Kultband „Münchener Freiheit" in ein neues Bandkapitel. Und dementsprechend sah dann auch der Auftritt der Kultband aus: Voller Tatendrang, typischem Chor-Gesang und ausgefeilten Arrangements, aber überraschend modern zeigten sie auf der Sparkassen-Bühne, dass sie noch lange nicht zum alten Eisen zu zählen sind.

Die Anwesenden hatten sich darauf einzustellen, dass die Songs schon nach dem ersten Hören nicht mehr aus dem Kopf gingen. Eingängige Melodien, die die Band bekannt und groß gemacht haben und andererseits moderne frische Popelemente der Gegenwart boten nicht nur eingefleischten Fans einen spannenden Abend.

■ ■ Sparkassen-Bühne

Die „große" Musik hat auf der Sparkassen-Bühne einen würdigen Paltz gefunden. Big-Band-Konzerte, große Orchester mit zahlreichen Musikern, Gospelchöre oder Rollstuhlmusical – die Sparkassen-Bühne war der Hauptschauplatz der zahlreichen kulturellen Höhepunkte.

Mit Backstage-Bereich und professioneller Licht- und Musikanlage bot sie auch renomierten Stars ein gewohntes Ambiente vor 1 000 bis 4 000 Besuchern, je nach Bestuhlung. Als Exklusivpartner der Landesgatenschau Landau präsentierte die Sparkasse Südliche Weinstraße eigene Veranstaltungen und wies mit einem bunten Platz unter dem Slogan [Wir sprechen südlich] auf die besondere Partnerschaft hin.

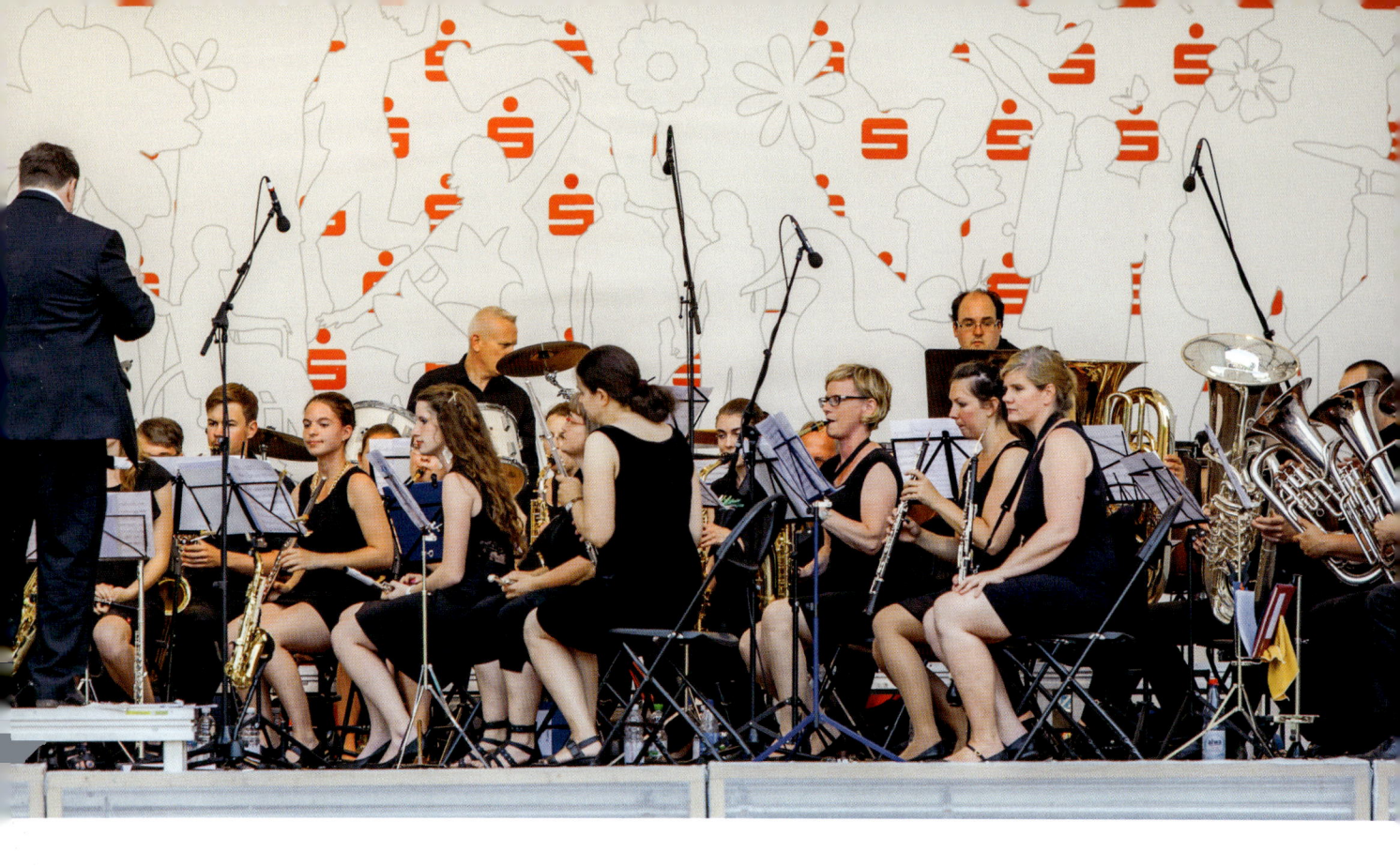

Stadtkapelle Landau am 6. Juni 2015

Bereits bei der Eröffnung der Landesgartenschau ließen die 50 Musikerinnen und Musiker des Sinfonischen Blasorchesters der Stadtkapelle Landau vernehmen, was in Ihnen steckt und welches Potential abgerufen werden kann. Anlässlich des Jahreskonzertes überzeugte das Orchester erneut die Zuhörer vor der Sparkassen-Bühne auf der Landesgartenschau. Die Höhepunkte der sinfonischen Blasmusik wurden unter der Leitung von Landesmusikdirektor Bernd Gaudera und unter Begleitung eines selbst die Musik noch überstrahlenden blauen Himmels dargebracht.

Passend zum Veranstaltungsort hatte der Dirigent Titel gewählt, die einen Bezug zu Blumen, Natur oder auch Parks zu Gehör bringen konnten. So konnte unter anderem dem Konzertwalzer „Rosen aus dem Süden" von Strauß, dem Blumenwalzer von Tschaikowski sowie Werken mit der Überschrift „Tivoli" „der berühmte Freizeitpark in Kopenhagen - „Mc Arthur Park" und „Zeit für Natur" gelauscht werden.

Am 5. Juni überzeugte die Gruppe "Abba Unforgettable" die Freunde der Musik aus den 1970er Jahren. Ein Bühnenprogramm der Extraklasse und eine ausgesprochen getreue Umsetzung der Originale ließen das Herz eines jeden ABBA-Fans höher schlagen. Schloss man die Augen, konnte man meinen, dass Agnetha, Anni-Frid, Björn und Benny tatsächlich auf der Bühne standen. Öffnete man dann die Augen wieder, musste man auch erstmal verstehen, dass hier nicht das Original am Werke war. Denn die beeindruckenden Kostüme und die einmalige Bühnendekoration standen vollends in der ABBA-Tradition.

Dieses Event der Landesgartenschau Landau war also ein absolutes Muss für jeden ABBA-Fan der alten Schule. Brachte doch die Truppe eine Stimmung wie bei dem Mamma Mia-Musical selbst auf die Bühne, das auch mit emotionalen und ruhigen Momenten punktete.

ABBA, Unforgettable am 5. Juni 2015

Elaiza am 13. Juni 2015

Die aufgrund des deutschen Beitrags zum Eurovision Song Contest 2014 bekannte 3-Frauen-Band „Elaiza" rund um die Sängerin Elzbieta „Ela" Steinmetz, gab bei strahlendem Wetter ein Konzert auf der Sparkassen-Bühne auf der Landesgartenschau in Landau. Unterstützt von drei Männern begeisterte die Band mit der dynamischen und sympathischen Ausstrahlung durch ein abwechslungsreiches Programm die rund 3 000 Besucher des Musik-Events.

Matthias Schmauder, Jahrgang 1965, war der „unumschränkte Herrscher" über das Landesgartenschaugelände – ob im Anzug mit Krawatte oder hemdsärmlich die Abläufe des Tages kontrollierend.

Seit Juli 2010 koordinierte er als Geschäftsführer der Landesgartenschau Landau 2015 gGmbH alle Belange rund um das Gelände. Mit den Erfahrungen als Geschäftsführer der Landesgartenschauen in Trier, 2004, und Bingen, 2008, konnte er die besondere Heausforderung in Landau, das Konversionsgelände zu einem Ausstellungsgelände zu wandeln, mit Fortune und Geschick meistern.

Seinen Worten zufolge wird er sich nach der Landesgartenschau in Landau, nach nunmehr 20 Jahren Gartenschau-Erfahrung, neuen Herausforderungen stellen.

Fishermans Friends am 26. Juni 2015

An einem Freitagabend, als Auftakt für das Wochenende, gaben sich „Fisherman's Friends" die Ehre. Die Südpfalztribüne wurde zum Schmelztiegel für die Fans der Powerband aus der Südpfalz, deren Repertoire einen breiten Fächer von Coverhits abdeckt und die durch eigene Songs überzeugen konnten. Mit Fug und Recht kann sie als eine der bekanntesten Bands der Region bezeichnet werden.

Ganz gleich aus welchem Anlass die siebenköpfige Truppe eingeladen wird, sie sorgt gekonnt dafür, dass die Gemeinde tobt. Und das bereits mehr als zehn Jahre in nahezu unveränderter Besetzung.

Routiniert stimmten Fisherman's Friends ihre englischen und deutschsprachigen Coverhits auf das Publikum ab. Sie folgen nicht irgendeinem Trend, „alle Stücke, die Fisherman's Friends spielen, müssen 100-prozentig zu ihnen passen". Ihr Repertoire zieht sich durch die Charts der letzten Jahrzehnte, manche nah am Original gespielt, andere in ganz eigener Interpretation.

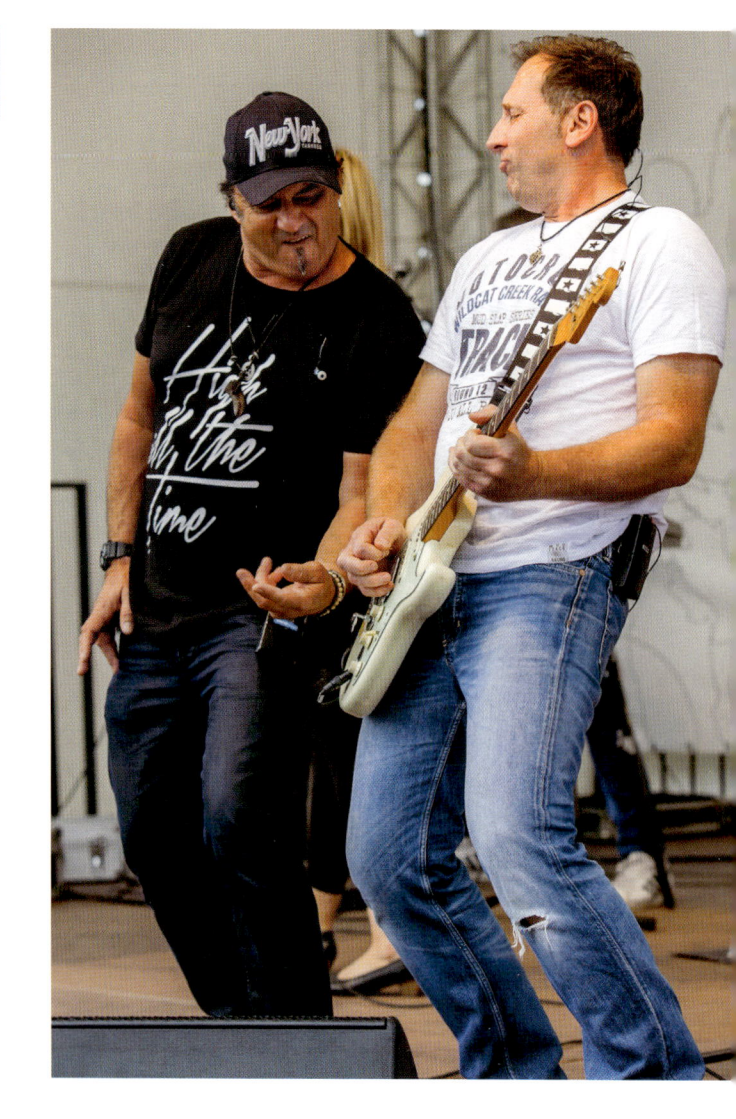

TARAF Bukarest am 27. Juni 2015

Drei Stunden lang begeisterte das Ensemble TARAF Bukarest die zahlreichen Besucher beim Sinti & Roma Musik- und Kulturfest „AVEN-KOMMT". Der Landesverband der Sinti und Roma Rheinland-Pfalz (Vorsitzender Jacques Delfeld) hatte dazu eingeladen. Unterstützt vom Kultursommer Rheinland-Pfalz, der in diesem Jahr unter dem Motto „Helden und Legenden" stand, würdigte man eher einem wahren Anti-Helden: dem ungarischen Komponisten und Roma-Violinenvirtuosen János Bihari, der einst auch Beethoven und Franz Liszt beeindruckte und ganz wesentliche Akzente zur ungarischen Nationalmusik setzte.

Sofort zog TARAF Bukarest das Publikum in seinen Bann. Auf der musikalischen Reise durch tradierte und moderne Werke servierte TARAF Bukarest seinen Zuhörern eine mitreißende Melange aus traditioneller Roma-Musik vom Balkan, Czardas, Wiener Kaffeehausmusik und ohrwurmartigen, temperamentsprühenden Operettenstücken.

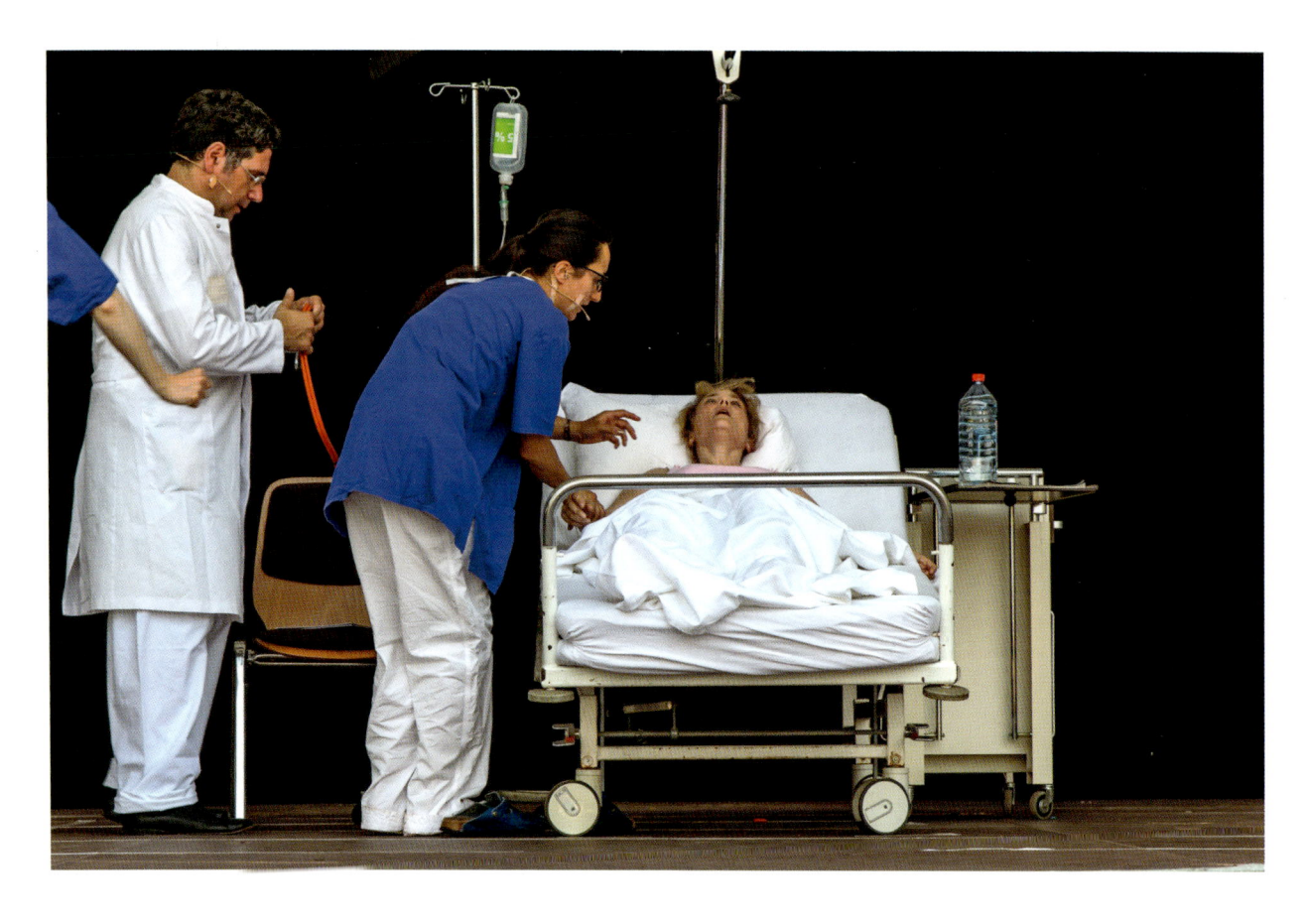

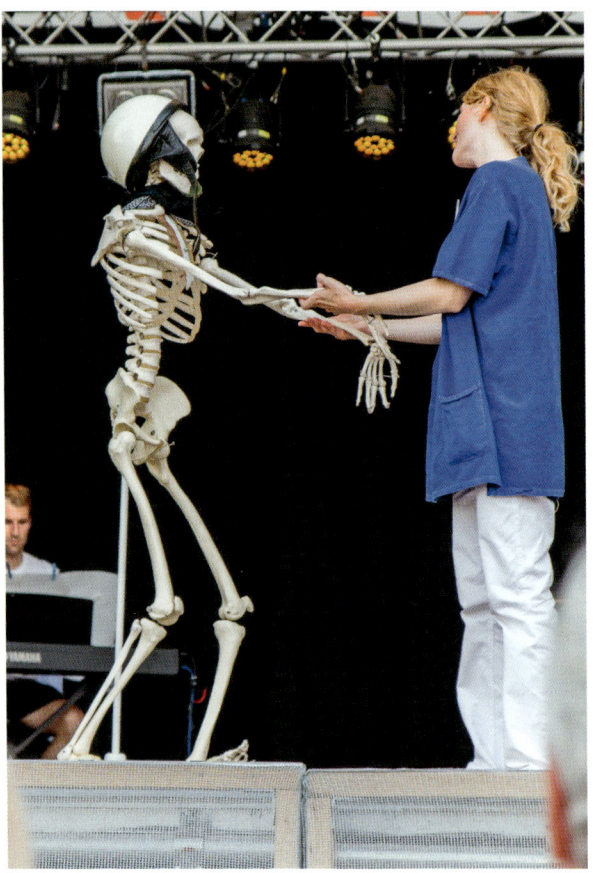

Klinikum St. Anna, am am 3. Juli 2015

Die Fans von Serien wie „In aller Freundschaft" konnten ein kleines Fest feiern: Das Musical „Klinikum St. Anna – Ärzte mit Herz" komprimierte die Spannung und den Herzschmerz auf zwei Stunden. Ein Seelenkonzentrat, irgendwo zwischen „Scrubs" und der „Schwarzwaldklinik" angesiedelt.

In der Klinik St. Anna wurden nicht nur die Patienten behandelt, auch die ganz zwischenmenschlichen Probleme der „Götter in Weiß", der Schwestern und Pfleger des Hauses unterzog man einer eingehenden Untersuchung. Es wurden Leben gerettet, Ehen beendet, Diagnosen gestellt und Freund- und Liebschaften geschlossen.

Dieser ganz normale Krankenhaus-Wahnsinn und -witz wurde von Musik unterschiedlichster Genres begleitet. Pop, Rock, Jazz, sogar Klassik und Schlager fanden sich hier wieder.

Vereidigung am 10. Juli 2015

Innenminister Roger Lewentz hat am 10. Juli 2015 464 junge Menschen, die in den vergangenen Monaten ihr Studium an der Hochschule der Polizei Rheinland-Pfalz am Campus Hahn begonnen haben, feierlich vereidigt.

Aus ganz Deutschland reisten fast 2000 Angehörige nach Landau, um in dem wunderschönen Ambiente der Landesgartenschau die Vereidigung ihrer Söhne und Töchter live mitzuerleben. Die Zeremonie mit zahlreichen Ehrengästen, Angehörigen, Freunden und Bekannten der Studierenden fand im Park der Generationen statt, nachdem es zuvor einen ökumenischen Gottesdienst auf der Sparkassen-Bühne gab.

Den Abschluss dieses wichtigen Moments im Leben unserer Mitbürger in (Polizei-)Uniform bildete das Landespolizeiorchester Rheinland-Pfalz mit einem Platzkonzert auf der Sparkassen-Bühne.

Carmina Burana am 18. Juli 2015

Auch die Landesgartenschau verwirklicht Europa: Musik überwindet Grenzen und führt Menschen zueinander: Deutsche und französische Künstler führten gemeinsam „Carmina Burana" auf der Sparkassen-Bühne der Landesgartenschau auf.

Carl Orffs populäres Stück ernster Musik, das sich seit seiner Uraufführung 1937 in der Frankfurter Oper einer großen Beliebtheit erfreut, gehört zu den Glanzlichtern dieses Genres im zwanzigsten Jahrhundert. Grundlage bildet eine im 11. und 12. Jahrhundert entstandene Sammlung von Liedern und Gedichten, die 1803 in der Bibliothek des Klosters Benediktbeuern entdeckt wurden.

Weltberühmtheit sollte sie durch Carl Orffs Vertonung aus den Dreißigerjahren erlangen. In der Dichtung des Mittelalters fand der Komponist Texte vom ewigen Kreislauf der Welt zwischen Glück und Unglück sowie den Gegensätzen der mittelalterlichen Epoche. Der Rahmen der blühenden Umgebung verschmolz förmlich mit der Musik.

Insgesamt 180 Sängerinnen und Sänger, zusammengestellt aus den Mitgliedern des Landauer Oratorienchors, des Ensemble Vokal Adultes de l'Ecole de Musique et Danse sowie des Chorale 1857 Haguenau, präsentierten gemeinsam das Meisterwerk. Als Solisten traten Estelle Kruger, Thomas Berau sowie Startenor Joaqu'n Asiain auf. Die Künstler wurden von der Kammerphilharmonie Weinheim unter der Leitung von Hans Jochen Braunstein begleitet und gemeinsam schufen sie ein unvergessliches Erlebnis.

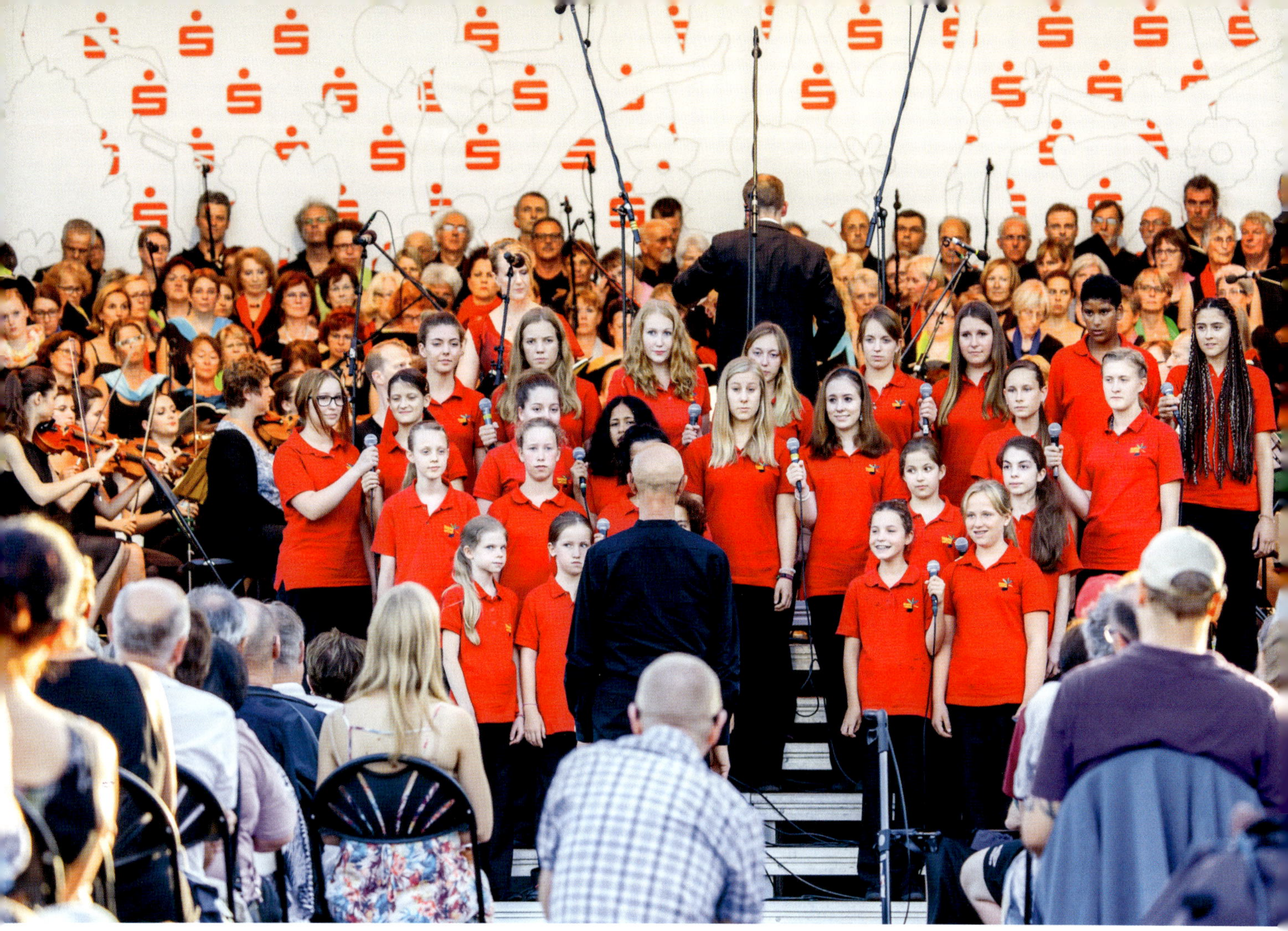

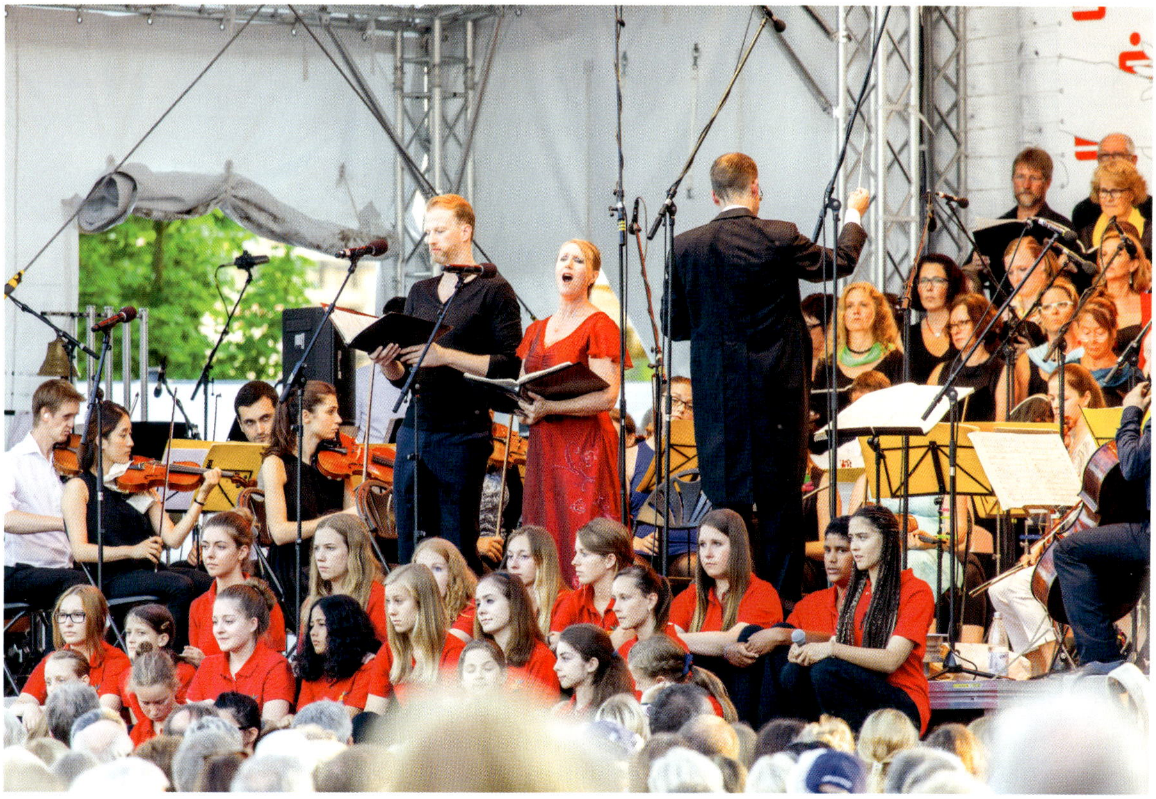

SWR4 Schlagernacht am 26. Juli 2015

Die traumhafte Kulisse der Landesgartenschau trug für das Veranstaltungshighlight des Sommers auf der Landesgartenschau Landau 2015 ihren Teil bei. Bei der „SWR 4 Schlagernacht" sorgten Semino Rossi, Michelle, voXXclub sowie Ute Freudenberg und Christian Lais für unterhaltsame Stunden mit begeisterten Besuchern.

Die Stars der Schlagerszene wurden von 8 000 Besuchern gefeiert. Bereits vor Wochen waren die 2 800 Sitzplätze vor der Sparkassen-Bühne ausverkauft. Der verbliebene Platz war schnell gefüllt.

Zwischenzeitlich einsetzender Regen konnte der ausgelassenen Stimmung nichts anhaben „ die Besucher nutzten die ausgehändigten Regenponchos und trotzten dem Wetter. Die Dramaturgie des Programms war perfekt aufeinander abgestimmt, die Künstler ergänzten sich ausgezeichnet.

Den Auftakt bildeten Ute Freudenberg und Christian Lais mit einem harmonischen Duett. Michelle bewies im Anschluss, dass sie den Titel „Königin des Schlagerpops" zu Recht trägt.

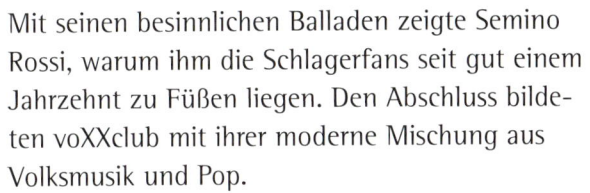

Mit seinen besinnlichen Balladen zeigte Semino Rossi, warum ihm die Schlagerfans seit gut einem Jahrzehnt zu Füßen liegen. Den Abschluss bildeten voXXclub mit ihrer moderne Mischung aus Volksmusik und Pop.

Dicke Kinder Live Music Session am 29. Juli 2015

Die „Dicken Kinder" mit ihrem Stargast, Cassandra Steen, bei ihrem zweiten Auftritt. Bei den Live-Music Session bewiesen die Dicken Kinder eindrucksvoll, warum sie zu den erfolgreichsten musikalischen Acts der Stadt zählen.

RegionaleAmateurTheater am 1. und 2. August und am 8. und 9. August 2015

An den ersten beiden Wochenenden des Sommermonats gaben sich Laienschauspieler im Rahmen der Aktion „RegionaleAmateurTheater" die Ehre und brachten ihre Stücke auf die Bühne. Vier Ensembles beteiligten sich an der Aktion und überzeugten durch ihre Leistungen.

Mobil im Gelände unterwegs – wen erstaunt's? – die Gartenzwerge. Die Theatergruppe *Kauderwelsch e.V.* aus Neupotz inszinierte die Helden der Kleingärtner und Kleinkinder als grabende und jätende, messende und wühlende, tanzende und singende, maulige und jammerige, dödelnde und gröhlende, wimmernde und simmernde, kochende und fressende, jubelnde und bruddelnde Gesellen des Alltags.

All jene, die schon immer alles wissen wollten über die entfernte Verwandtschaft des kleinen Königs Kallewirsch konnte sie im freien Feld studieren, die legendären, unsterblichen Gartenzwerge. Wie sehen sie aus? Wie gehen und stehen sie? Welche Interessen und Hobbys pflegen sie? Welche Leidenschaften teilen sie? Was hassen sie auf den Tod? Diese und andere, für den Enthusiasten hochdringliche Fragestellungen, konnten mit den Aufführungen eine erste Antwort finden.

Am Bachgarten gab sich das *Théâtre Alsacien de Haguenau* ein Stelldichein. Aus der Partnerstadt von Landau kommt die Theatergruppe, die in elsässischer Mundart durchaus auch anspruchsvolle Stücke auf die Bühne bringt. Viele Stücke werden von der Gruppe selbst übersetzt. Das TAH zeigte mit kurzen Szenen und Aussschnitten ihr Können und ihr mitreißendes und spielfreudiges Theater. Seit über 10 Jahren besteht eine Partnerschaft zur Kleinen Bühne Landau e.V.

Die *Kleine Bühne* durfte allein schon aus diesem Grund bei den Aktionstagen nicht fehlen. Sie gaben mit ihrer Performance Einblicke in die Theaterwelt, also ließen ein wenig hinter die Kulissen blicken. Wie entsteht Theater, wie entwickeln sich Figuren, wie lassen sich Texte unterschiedlich interpretieren, was läßt sich szenisch aus einigen wenigen Worten machen? Kurz und prägnant wurde beispielhaft gezeigt, wie im Theater gearbeitet wird: Vom Textheft über Improvisation zum Stück. Mutige Zuschauer waren eingeladen sich gerne auch selbst auzuprobieren.

> **RegionaleAmateurTheater am 1. und 2. August und am 8. und 9. August 2015**

Am Theodor-Heuss-Platz schließlich wurde einem alten Meister gehuldigt. „Shakespeare-Blüten" bot das *Dramatische Hoftheater* aus Neustadt/Weinstraße als Zeitvertreib an. Das kleine Ensemble bringt vor allem historische und moderne Klassiker mit einer eigenen Interpretation unterhaltsam und leichtfüßig auf die Bühne.

Für eine kurze Weile wird das Publikum durch temporeiches Handlungstheater voller Komik und Tiefsinn in die Welt des Theaterzaubers entführt. Die Magie sprang über, vertraut doch das Ensemble ganz auf die Kraft des Textes und der Schauspielkunst, um liebenswerte, spannende und anregende Geschichten voller Phantasie zu erzählen.

Annette Postel am 9. August 2015

„Satisfaction im Belcanto" titelten die BNN. Annette Postel, die „Scheherazade des Musik-Kabaretts" (BT) wurde auf der Sparkassen-Bühne „inteam". Sie nahm aus jeder ihrer musikalischen Ecken ihre Lieblingslieder heraus, mischte brandneue Kompositionen dazu und legte sie dem *Salonorchester Schwanen* zu Füßen. Natürlich ging es um die Männer, ihre Stärken, ihre Schwächen, den Operndirektor, den in der Dunkelheit küssenden Liebhaber oder den russischen Helden, verarbeitet zu Boef Stroganoff. Und dass die Postel aus dem Nähkästchen plauderte, war auch nicht verwunderlich, ja, wurde sogar erwartet. Das Orchester begleitete die quirlige Diva immer mit einem Augenzwinkern, körperlichem Einsatz und großer Klangfülle.

„Inteam" war Salonmusik-Crossover par excellence: Da standen 20er-Jahre-Klassiker neben temperamentvoller Comedy, Jazziges neben Tango, neu arrangierte Kreisler-Couplets neben Opern-Parodien und rockigen Songs, eben „Satisfaction".

Dorfdisco Projekt am 28. August 2015

„Fünf Winzer – Fünf Freunde" luden zu Musik und Gespräch. Anlass war das 25-jährigen Bestehen dieser Art Winzer-Boy-Group. Gefeiert wurde mit einem Konzert der *Dorfdisco Projekt Hauenstein* vor der Sparkassen-Bühne der Landesgartenschau Landau. Mit dem Event bedankten sich „die Fünf" bei ihren Fans für die Wegbegleitung und Treue.

Zwischen den musikalischen Acts fanden zwei kurze Gesprächsrunden mit ihnen statt. Nicht nur die Gründer der Fünf Freunde kamen zu Wort, auch der bereits aktive Nachwuchs in den Weingütern hatte Wesentliches beizutragen. Die Winzer schenkten jeweils einen Wein aus den Weingütern aus. In der Vinothek Par Terre wurden an diesem Abend ebenfalls die Weine der „Fünf" angeboten.

Tag der Retter am 22. und 23. August 2015

Am „Tag der Retter" wurden all jene gewürdigt, deren Leistungen die Gesellschaft eher als Selbstverständlichkeit hinnimmt: Hilfsorganisationen wie Feuerwehr, Polizei, Bundeswehr, DLRG, DRK, Malteser Hilfsdienst oder THW sind jeden Tag im Einsatz und stehen auch jederzeit bereit, um Menschen in Notsituationen zu helfen. Diese wichtige Arbeit erfährt nur selten die Aufmerksamkeit der Öffentlichkeit. An diesen Tagen wurde die Landesgartenschau für diese Helfer zur Bühne, auf der sie ihre Arbeit der Öffentlichkeit darstellen konnten.

Im Rahmen der Veranstaltung präsentierten sich verschiedene Hilfsorganisationen mit zum Teil spektakulären Aktionen. So reichten die Beiträge der Feuerwehr von praktischen Übungen wie Feuerlöschtraining bis hin zu aufsehenerregenden Simulationen wie der Höhenrettung am 25 Meter hohen EnergieSüdwest-Aussichtsturm.

Die Polizei präsentierte Sonderfahrzeuge wie Wasserwerfer und Helikopter und gab im Rahmen eines Bühnenprogramms Einblicke in ihr Einsatztraining.

Das Deutsche Rote Kreuz beteiligte sich mit Rettungswagen und einer Hüpfburg an der Veranstaltung. Zum Besuchermagnet wurden die beeindruckenden Vorführungen der Rettungshundestaffeln von Polizei, Feuerwehr und dem Technischen Hilfswerk. Informationsstände der Hilfsorganisationen standen den Besuchern mit Rat und Tat zur Seite.

Tag der Polizei am 27. September 2015

Das Polizeipräsidium Rheinpfalz lud azum „Tag der Polizei", um den Bürgern die Aufgaben- und Tätigkeitsfelder der Polizei in Rheinland-Pfalz vorzustellen. Einblicke in den Beruf der Polizistin/des Polizisten zu ermöglichen stand dabei im Fokus.

Den Auftakt nach dem Empfang der Ehrengäste bildete ein Konzert des Landespolizeiorchesters Rheinland-Pfalz unter der Leitung von Stefan Grefig. Die Musikerinnen und Musiker des professionellen Orchesters und musikalischen Aushängeschilds der rheinland-pfälzischen Polizei brachte einen Querschnitt aus Märschen, Klassik, Musical und Modernem auf der Sparkassen-Bühne zu Gehör. Ein Gottesdienst der Polizeiseelsorge rundete den Vormittag ab.

Den Schwerpunkt des zweiten Teils konnte man schon zu Beginn erahnen: Ein Polizeihubschrauber flog ein und eröffnete die „Action-Runde". Die Geschwindigkeit der Kinder auf ihren Zweirädern wurde beim Fahrradparcours ermittelt, danach konnten sie sich auf einem Polizeimotorrad fotografieren lassen und mit stolzgeschwellter Brust, die einen „Orden" in Form eines Buttons mit der Fotografie zierte, den weiteren Tag gelassen auf sich zukommen lassen.

Die Großen konnten die Wirkung eines Auffahrunfalls am eigenen Leib spüren. Auf einem Bremsschlitten wurde die Wirkung beim Aufprall auf ein Hindernis simuliert. Über die Wirkung von Alkohol am Steuer konnte man sich an einem Stand unterrichten lassen, der über die Aktion „BOB" informierte. "BOB" ist keine Abkürzung, sondern der Name derjenigen Person einer Gruppe, die nach Absprache keinen Alkohol trinkt und sich und ihre Mitfahrer sicher nach Hause bringt.

Dass es auch ohne Polizei gehen kann, wenn früh genug das gewaltfreie Lösen von Konflikten eingeübt wird, wurde auf der Polizeipuppenbühne mit dem Stück „Zivilcourage" verdeutlicht. In verschiedenen Szenen wurden Kindern Wege aufgewiesen, wie sie Probleme gewaltfrei lösen können.

Verschiedene Zugriffstechniken wurden demonstriert und Situationen (z.B. Angriffe) nachgestellt, die Polizeibeamte möglicherweise jederzeit im Rahmen ihres Dienstes meistern müssen. Nicht nur Hundefreunde konnten sich von den Fähigkeiten des Menschen besten Freundes in der Präsentation der Diensthundestaffel des Polizeipräsidium Rheinpfalz überzeugen. Die Polizeibeamtinnen und -beamten zeigten mit ihren noch jungen Hunden ihre Fähigkeiten, sei es bei Festnahmen von Räubern, Autodieben, Gewalttätern, beim Finden von Sprengstoff in Autos oder beim Feststellen von Brandbeschleunigern.

Karin Bommersheim, Jahrgang 1963, managte als Prokuristin und Bereichsleiterin der Landesgartenschau seit Juni 2012 alle Belange vom Marketing und Vertrieb über Sponsoring, Presse-, Öffentlichkeitsarbeit und war zudem für die Organisation der Veranstaltungen verantwortlich. Gartenschauerfahrung sammelte sie als Marketingleiterin bei der BUGA Koblenz 2011.

Ihr besonderes Anliegengen, war es, die LGS-Besucher das Lebensgefühl der Südpfalz zu vermitteln. Als Mitglied arbeitete sie eng mit dem Freundeskreis zusammen, um zu erreichen, dass sich die Bürger Landaus und der Region mit der Landesgartenschau identifizieren und sich aktiv daran beteiligen. Umgesetzt wurde dies durch die Teilnahme vieler tausend Akteure im Bereich Musik, Tanz, Theater, Sport und Literatur.

Es freute sie besonders, dass durch Highlights aus dem Veranstaltungsprogramm wie „Licht im Park", Carmina Burana, SWR4-Schlagernacht, uvm. die Besucher ganz besondere und unvergessliche kulturelle Gartenschaumomente erleben konnten.

Spiel, Sport, Freizeit

Auch Sport, Spiel und Freizeit kamen nicht zu kurz auf der Landesgartenschau. Insbesondere in den Spiel- und Freizeitanlagen, die auf dem Gelände des ehemaligen Kohlelagers eingerichtet wurden, war für Jedermann und -frau etwas passendes zu finden. Das Sportgelände präsentiert sich mit einer neuen Halle, einem Kunstrasen-Spielfeld, einem Spielbereich mit Möglichkeiten zum Klettern, Springen, Hangeln, Durchkriechen und Balancieren. „Klettern" richtet sich dabei nicht nur an die Kleinen, sondern auch größere finden mit der Boulder-Wand eine Möglichkeit zum Üben ihres Könnens.

Zum Trainieren und Verfeinern der Techniken können die Dirt- und Skate-Bahn genutzt werden, die Finn-Bahn richtet sich an die Ausdauerläufer, die gelenkschonend ihr Pensum ablaufen möchten.

Zahlreiche sportliche Veranstaltungen oder Informationsgelegenheiten munterten die Besucher auf, sich vielleicht selbst einmal mit einer neuen Sportart zu beschäftigen oder überhaupt das Wissen um die Möglichkeiten körperlicher Betätigung zu erweitern. Skate-Workshop und Dirt-Bike-Spaß boten den Fans der unmotorisierten Fortbewegung Gelegenheit, sich einmal richtig ins Zeug zu werfen.

Das Yoga-Angebot für die eher stillern Gemüter stand genauso auf dem Veranstaltungskalender wie exotisch anmutende „Sport"arten wie die Bogenkunst KyuDo, die Kampfkunst AiKiDo oder die Heilgymnastik Zhineng Quigong.

Beachvolleyball und AirTrack war für die Freunde von Ballsportarten und der hohen Körperbeherrschung zu bestaunen, letztere auch unentbehrlich für das Tanzen, sei's Tango oder Hula.

Die Klingen wurden beim Fechtduell zwischen Hagenau und Landau gekreuzt.

Die Ausdauersportler kamen beim Nordic-Walking auf ihre Kosten, auf der Slackline konnte geprüft werden, wie's um's Gleichgewicht steht und jenes gleich übend verbessert werden.

Die Schulen Landaus präsentierten unterschiedliche Sportarten, z.B. Speed-Badminton und Ultimate Frisbee. Natürlich fehlte auch der Fußball nicht: Bei diversen Spielen wurde ein Gewinner ausgespielt. Zahlreiche Infostände, Vorträge und Mitmachaktionen in Sachen Freizeit, Fitness und Gesundheit rundeten das körperorientierte Programm der Landesgartenschau ab.

So konnte man sich über die förderlichen Wirkungen von Kneipp-Anwendung genauso informieren wie über den Segelflugsport.

Das Bergsteigen hatte seinen Platz, wie freilich auch des Menschen wohl älteste Übung, das Turnen, thematisiert wurden.

193

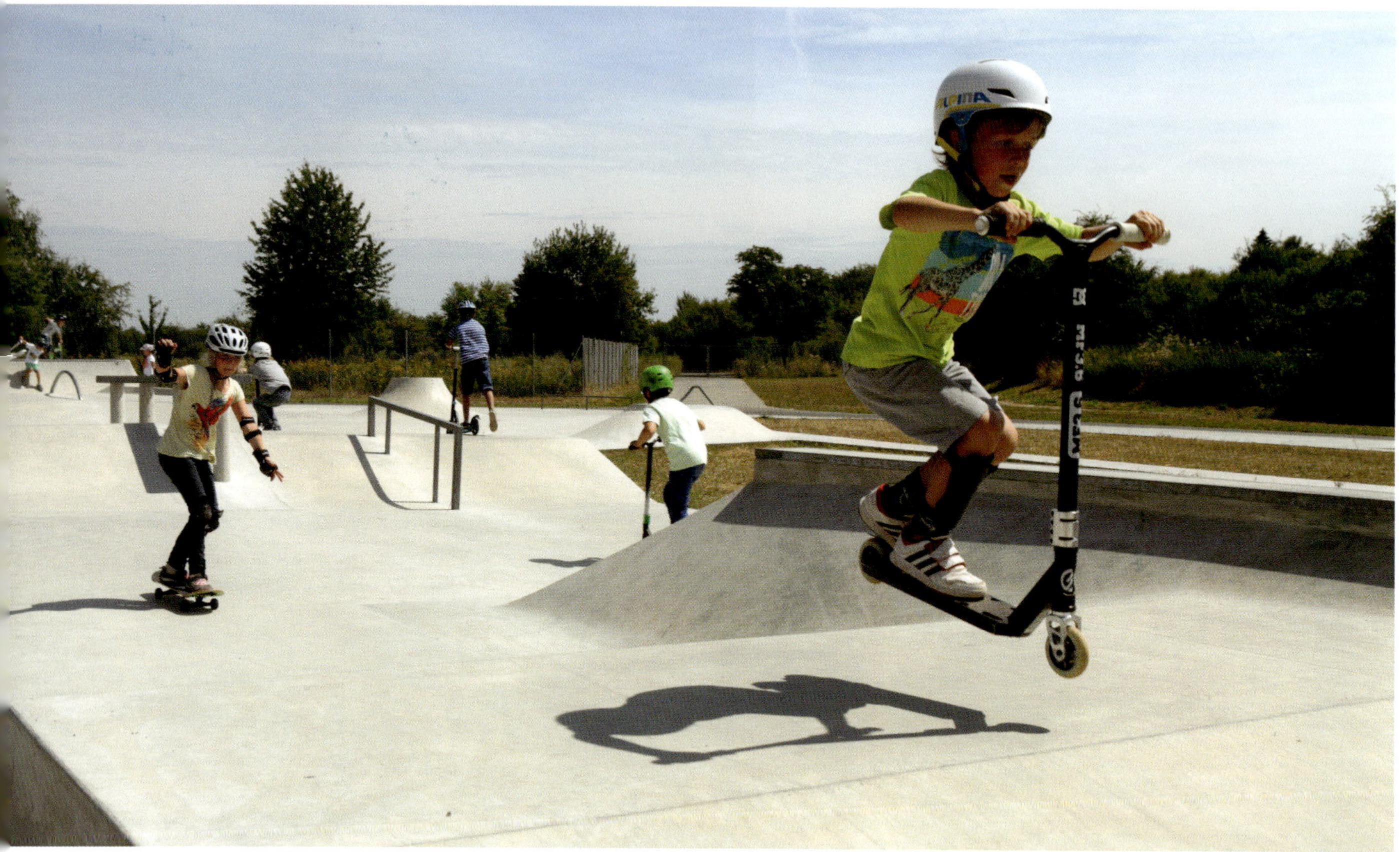

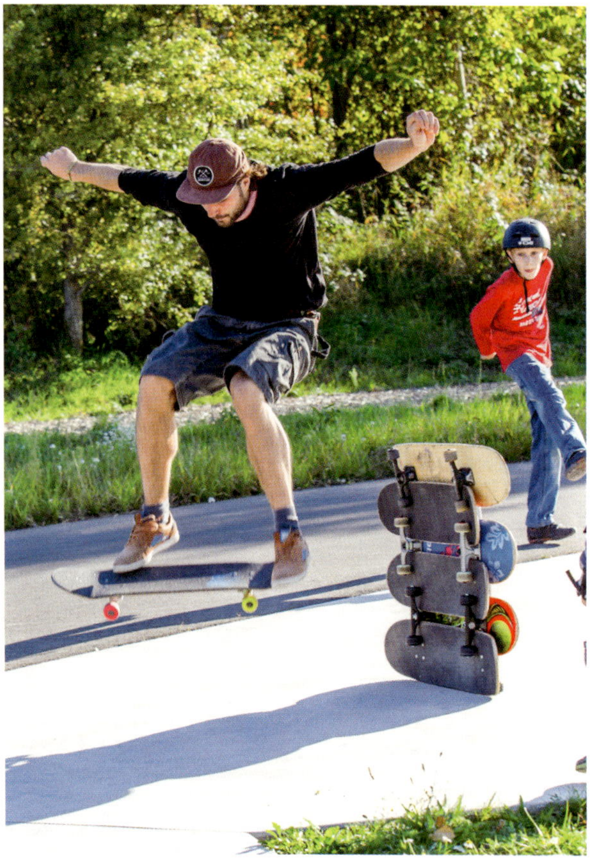

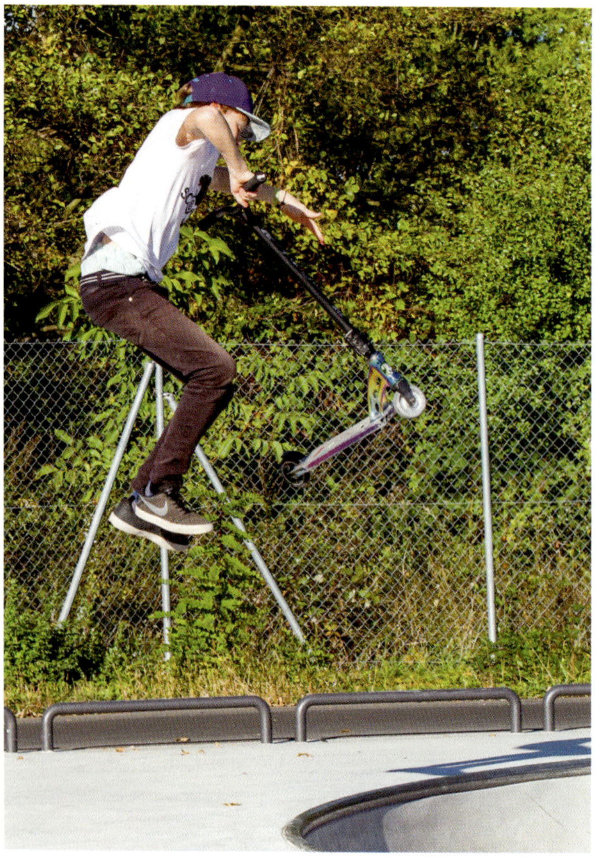

Tag des Sports am 5. September 2015

An verschiedenen Stationen präsentierten sich beim „Tag des Sports" eine Vielzahl von Sportarten, die unter dem Dach des *Sportbundes Pfalz* zu finden sind, der auch die organisatorische Leitung dieses Angebots übernahm. Man konnte an fast allen Stationen selbst ausprobieren, reinschnuppern und mitmachen. Vierzehn Vereine und Verbände boten u.a. die folgende Sportarten oder Spiele an.

• Motorsportverband Rheinland-Pfalz: Trialsport, Vorführung auf Parcours mit Schnupperangebot
• Rheinland-Pfälzischer Dart-Verband: Präsentationsstand mit Mitmachspielen
• Judokan Landau: Mitmach-Angebote mit Bühnenvorführung
• Behinderten- und Rehabilitation-Sport-Verband Rheinland-Pfalz: Rollstuhlparcours & Hallenboccia
• Bogensportverband Rheinland-Pfalz: Kyudo in Aktion, Bogensport und Behindertensport
• DJK-Segelfluggemeinschaft Landau: Präsentation eines Segelflugzeuges mit Infostand
• Pfälzischer Schachbund: Schachspielen kennenlernen, verschiedene Variationen & Knobeleien
• Volleyball-Verband Pfalz: Beach-Volleyball als Mitmach-Angebot
• Südwestdeutscher Fußballverband: Torwandschießen und Fußball-Abzeichen
• Tennisverband Pfalz: Tennis-Mitmachaktionen, Kleinfeldtennis, Spiele mit der Ballmaschine
• Basketballverband Pfalz: Mitmach-Basketball.

Der Sportbund Pfalz ist mit seinem großen Fun-Park dabei. Das sind Großspielgeräte insbesondere für Kinder und Jugendliche, wie Hüpfburg, BungeeRunning, Kletterberg, Trampolin, Kletterwand und eine Endlos-Kletterwand. Tolle Stimmung herrschte auch auf der Sparkassen-Bühne, als zahlreiche Tanz- und Showgruppen des Pfälzer Turnerbundes ihren Auftritt hatten.

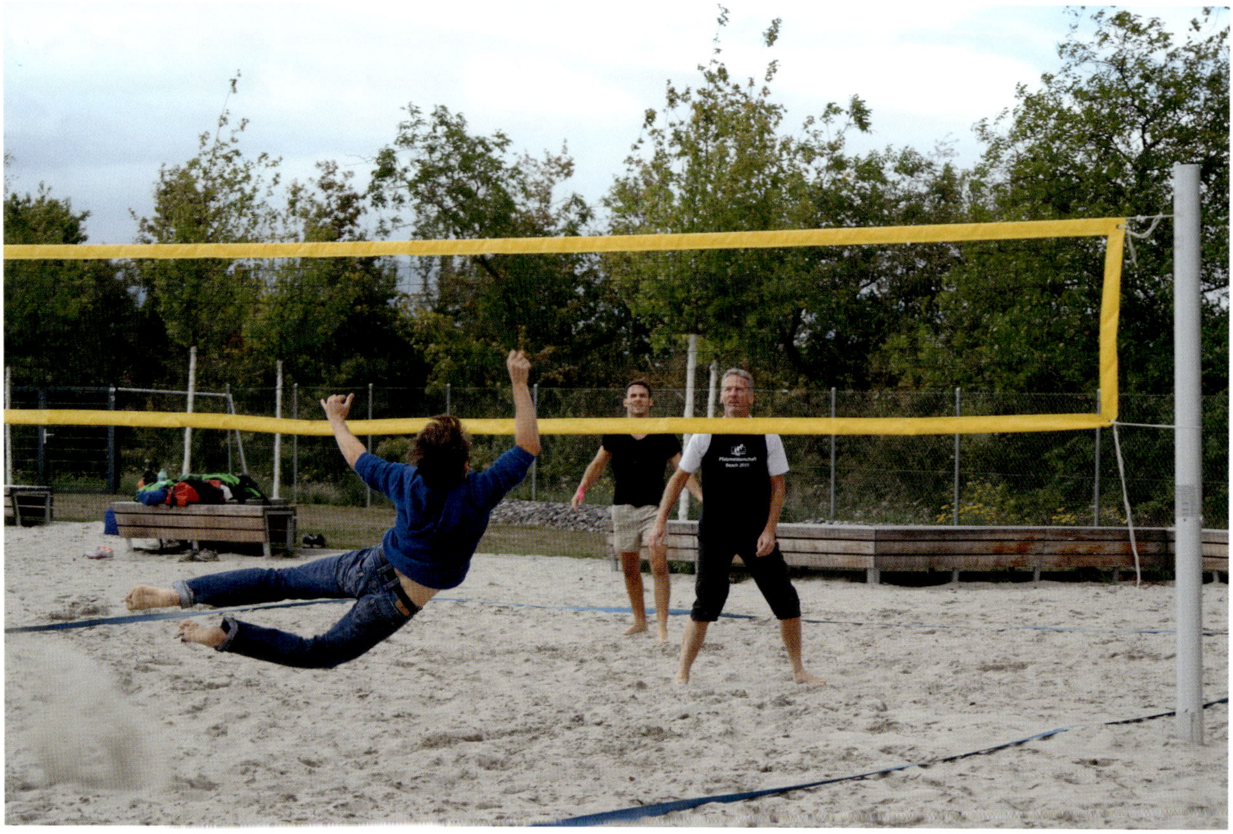

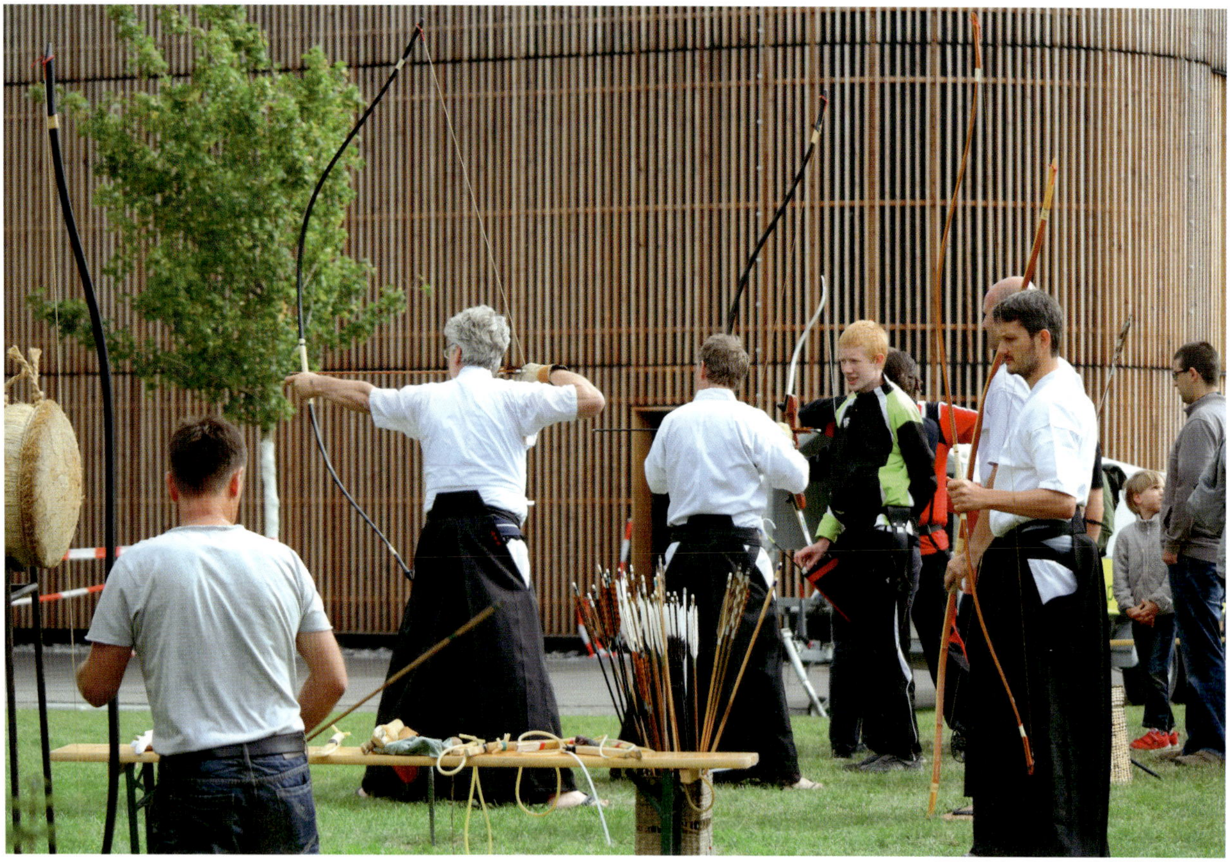

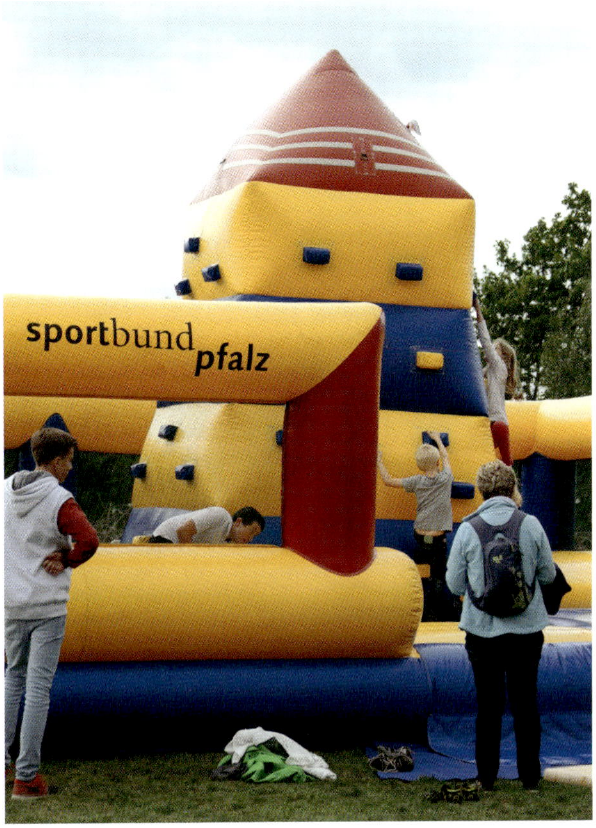
sportbund pfalz

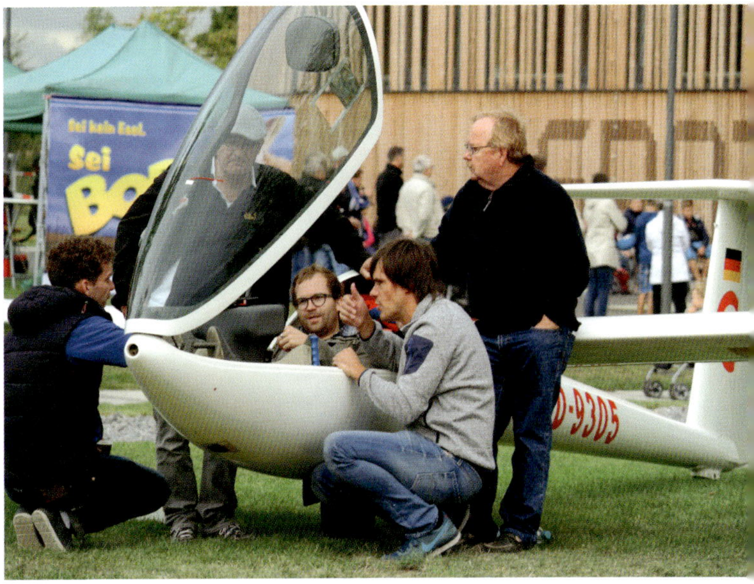
D-9305

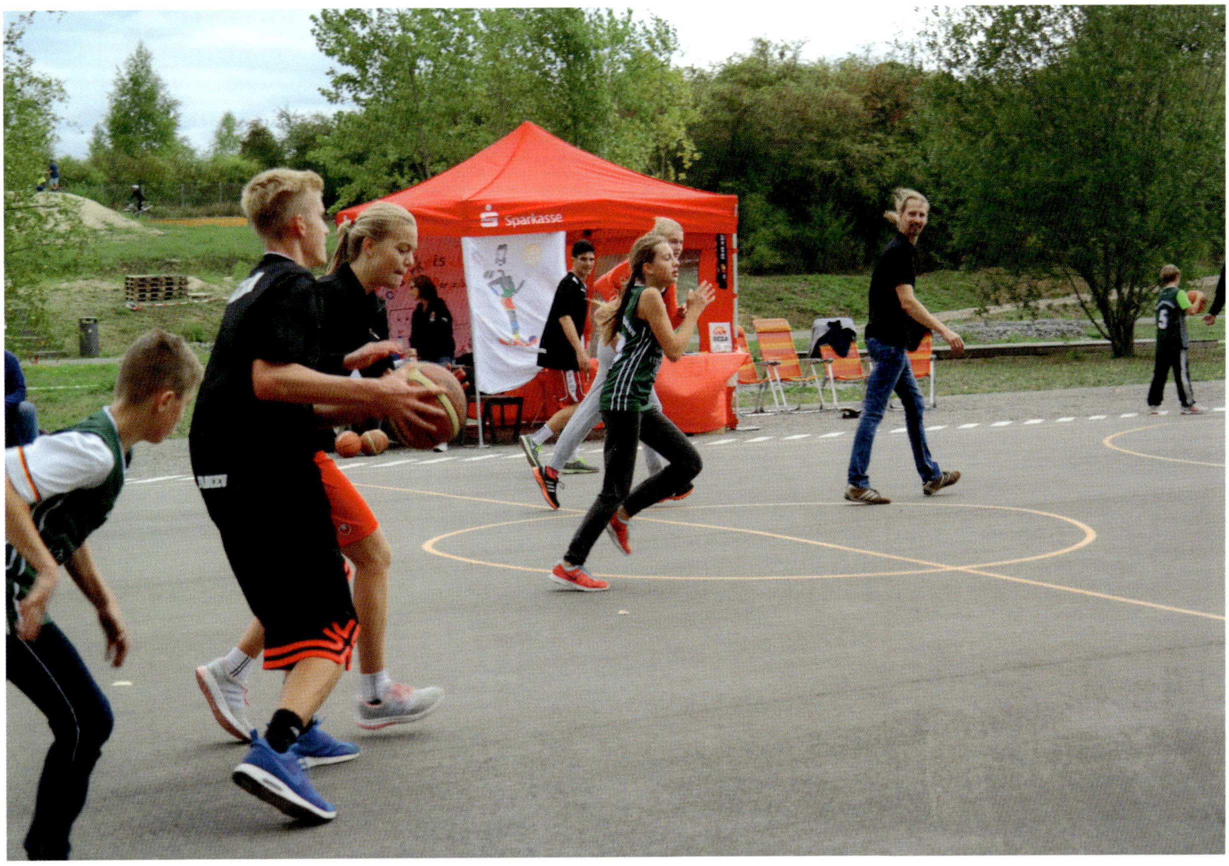
Sparkasse

Tony Marshall am 24. September 2015

Der Freundeskreis der Landesgartenschau präsentierte ein Konzert mit einem der letzten großen Entertainer unserer Zeit, Tony Marshall. Dem ausgebildeten Opern- und Schlagersänger, der seit mehr als 50 Jahren auf den Bühnen der Welt singt, schlägt bei seinen Auftritten eine Welle der Sympathie entgegen.

Seinem Ruf als „Fröhlichmacher der Nation" gerecht werdend, begeisterte er auch bei seinem Auftritt auf der Landesgartenschau sein Publikum vor der Südpfalz-Bühne mit neuesten Schlagern und Hits wie „Wir sind die Champions" oder dem Medley „Schöne Maid".

Ruanda-Tag am 12. September 2015

Der landesweit stattfindende Ruanda-Tag wurde auch auf der Landesgartenschau gebührend gefeiert. Bei den jährlichen Ruanda-Tagen trifft sich die große rheinland-pfälzische Ruanda-Familie und alle Interessierten waren eingeladen, sich über das Partnerland von Rheinland-Pfalz zu informieren und mehr über das kleine ostafrikanische Land zu erfahren.

Mit Tanz und Trommeln wurde das Fest, an dem neben der rheinland-pfälzischen Ministerpräsidentin Malu Dreyer der Vereinspräsident Dr. Richard Auernheimer sowie hochrangige Gäste aus Ruanda teilgenommen haben, eröffnet. Die Mitarbeiterinnen und Mitarbeiter im Freiwilligen Sozialen Jahr (FSJ) von *Aktion Tagewerk* waren mit einem Infostand und mit dem „Afrika-Parcours" auf dem Fest vertreten und haben über ihre Arbeit berichtet und Kinder über die Situation Gleichaltriger in dem Projektland Ruanda informiert. Auf und rund um die Sparkassen-Bühne wurde gefeiert und Aktionen wie z.B. ein Torwandschießen mit Bananenblattbällen geboten.

Simon & Garfunkel Revival Band am 2. Oktober 2015

Eine perfekte Show ohne große Showeffekte bot die „Simon & Garfunkel Revival Band". Die fünf Musiker präsentierten in ihrem Programm „Feelin' Groovy" die schönsten Songs des Kult-Duos. „Bright Eyes" und der Klassiker „Mrs. Robinson" kamen ebenso zu Gehör wie „The Boxer" und „The Sound of Silence".

In einem gekonnten Seiltanz zwischen vollendetem Cover und eigener Interpretation überzeugten die Musiker vor allem durch ihre bis ins kleinste Detail abgestimmten Gesangs- und Instrumentaldarbietungen, die die Grenze zwischen Original und Kopie verschwimmen ließen. Die Authentizität ist allein durch die mit den Urgesteinen nahezu perfekt übereinstimmenden Stimmlagen kaum zu überbieten, die Präsenz auf der Bühne rundete das beeindruckende Erlebnis ab.

VR Kultur in der Vinothek Par Terre

Jeden zweiten Donnerstag strömten die Besucher über die Sommermonate zu den Afterwork-Veranstaltungen der VR Bank Südpfalz, Premiumpartner der Landesgartenschau, vor und in der Vinothek Par Terre.

Am 28. August, sieben Wochen vor dem Ende der Landesgartenschau in Landau wurde der 600 000. Gast empfangen und damit das anvisierte Besucherziel erreicht.

Dass die geschätzten 600 000 Besuche nicht erst zum Ende der Landesgartenschau am 18. Oktober erreicht werden würden, hatte sich bereits abgezeichnet. Zu positiv waren die Besucherzahlen, obwohl das Wetter die Verantwortlichen teilweise vor große Herausforderungen stellte, wie Landaus Oberbürgermeister Hans-Dieter Schlimmer erklärte: „Die Rekordtemperaturen haben uns stellenweise auf eine harte Probe gestellt. Gerade die Bewässerung der insgesamt 27 ha großen Fläche war ein logistischer Kraftakt." Gemeinsam mit Familien- und Integrationsministerin Irene Alt begrüßte Oberbürgermeister Schlimmer die 600 000. Besucherin der Landesgartenschau: Anna Luise Blessing (76) stammt aus dem baden-württembergischen Wiernsheim und besuchte die Landesgartenschau mit ihren sechs Töchtern.

Am Tag der Einheit, dem 3. Oktober, wurden bereits 752 000 Besucher gezählt; am Ende waren es dann doch dank des letzten stark besuchten Wochendes 823 427 Besuche.

GenießerLeuchten am 16. und 17 Oktober

Zum Abschluss der Landesgartenschau erwartete die Besucher ein hochkarätiges Wochenende. Beim GenießerLeuchten am 16. und 17. Oktober ließ das Kreativbüro „Ideenkonstrukteur" aus Bad Bergzabern Teile der Landesgartenschau mit einer farblich inszenierten Beleuchtung bis in die späten Abendstunden in einem völlig neuen Licht erstrahlen. Die Beleuchtung erzeugte einzigartige Perspektiven und eine gemütliche Stimmung. Auf ein lautes musikalisches Rahmenprogramm wurde bewusst verzichtet, um die Atmosphäre nicht zu beeinträchtigen. Musikanhänger kommen trotzdem nicht zu kurz: Eine mobile Band untermalte die Veranstaltung mit leisen Tönen untermalen. Zahlreiche regionale Winzer, das Deutsche Weintor und eine Sektkellerei präsentierten ihre edlen Tropfen und machen die Veranstaltung auch kulinarisch zu einem Genuss.

Auch für das leibliche Wohl war gesorgt: Die Restaurants Remise und Palatinat erweiterten eigens für die Veranstaltung ihre Öffnungszeiten. Abgerundet wurde das umfangreiche gastronomische Angebot durch mehrere Grillstationen, die über das Gartenschaugelände verteilt waren.

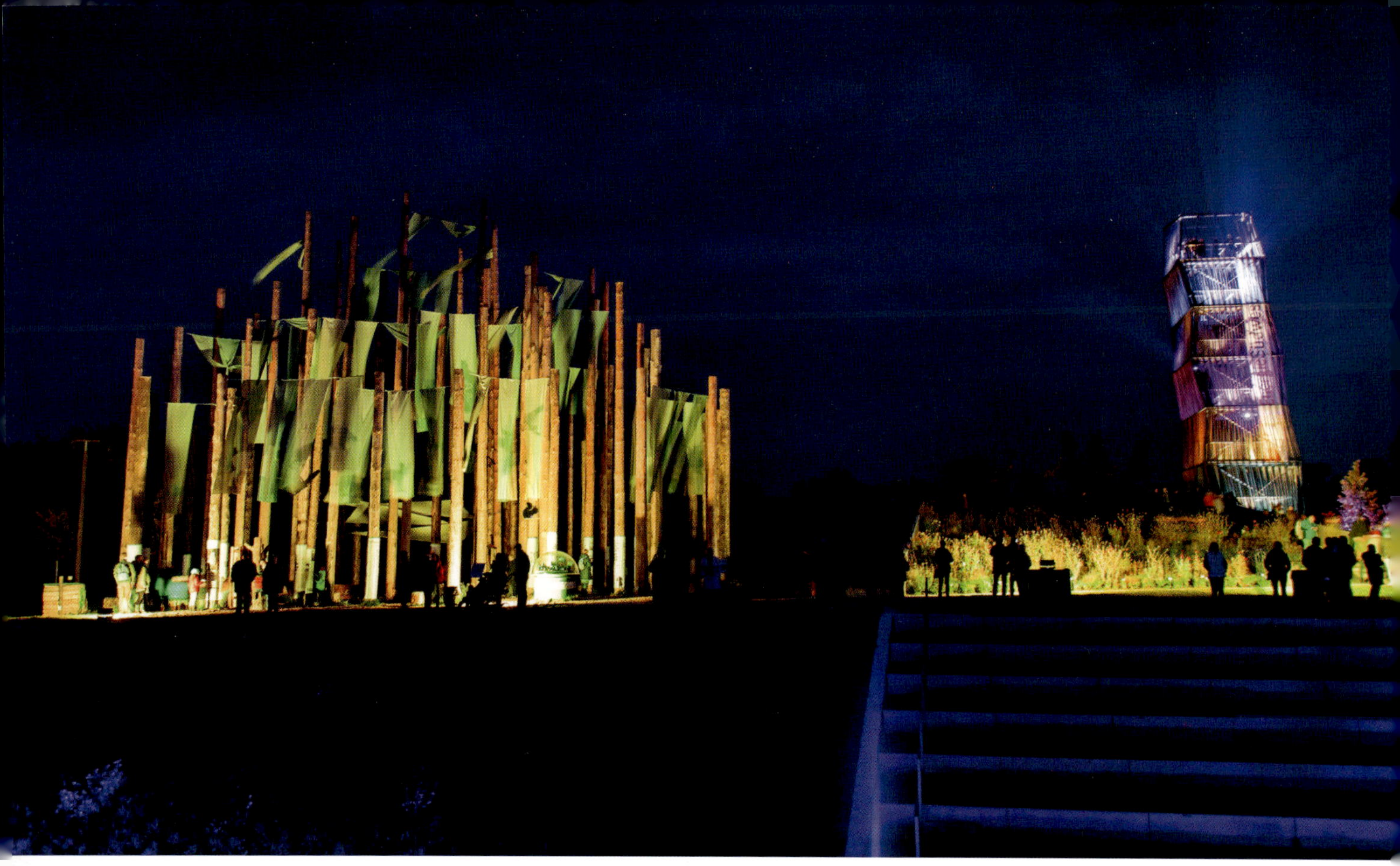

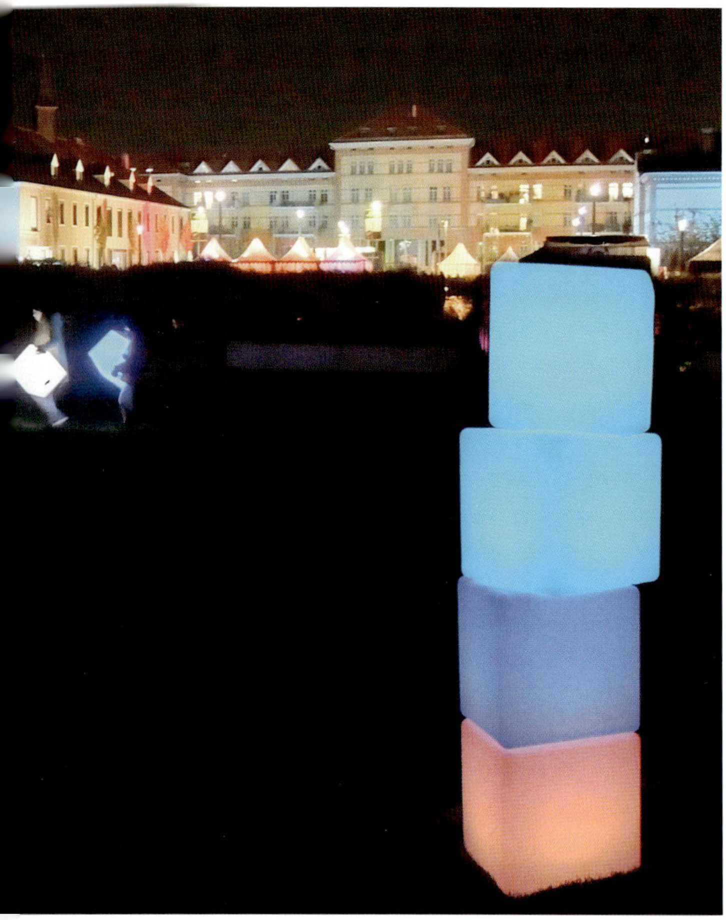

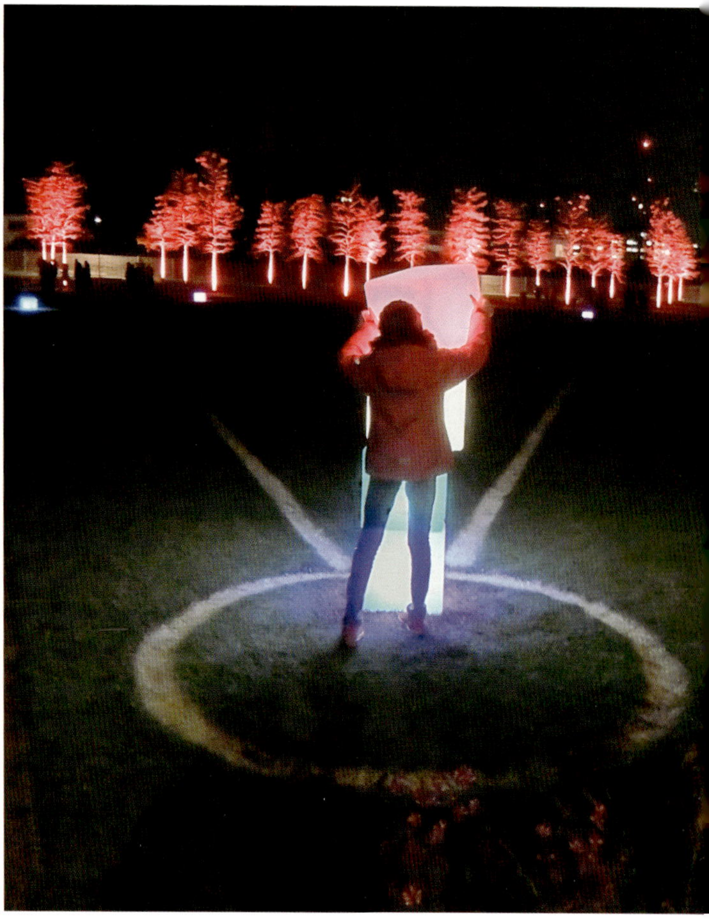

Das krönende Finale der Landesgartenschau bildete die Abschlussveranstaltung am 18. Oktober. Ab 11 Uhr erwarteten die Besucher musikalische Beiträge aus den verschiedensten Bereichen, die von temperamentvollen Tanzvorführungen aus Brasilien und von artistischen Weltmeistern im Hip Hop-Tanz ergänzt wurden.

Den gesamten Tag über sorgten mobile Walk-Acts wie eindrucksvolle Stelzer und gelenkige Capoeira-Künstler für aufsehenerregende Momente.

Ein eigenständiges Kinderprogramm und sportliche Workshops im Spiel- und Freizeitcampus rundeten das Angebot ab.

Die eigentlichen Abschlussfeierlichkeiten begannen um 12 Uhr mit dem ökumenischen Gottesdienst „So weit der Himmel ist" im Kirchenpavillon. Um 15 Uhr wurden die Feierlichkeiten auf der Sparkassen-Bühne fortgesetzt: Der beliebte SWR-Moderator Holger Wienpahl führte durch das abwechslungsreiche Bühnenprogramm, an dem auch die rheinland-pfälzische Ministerpräsidentin Malu Dreyer teilnahm.

Ab 19 Uhr sorgte eine energiegeladene Drum-Show auf der Sparkassen-Bühne mit heißen Beats und knalligen Rhythmen für Begeisterung beim Publikum, bevor ein spektakuläres Höhenfeuerwerk gegen 19 Uhr 40 das Ende der Landesgartenschau ankündigte.

Mit der Abschlussveranstaltung feierte die Landesgartenschau mit den Menschen aus Landau und der Region gebührend das Ende eines einzigartigen Sommers: Als Dankeschön für die großartige Unterstützung in den vergangenen 184 Tagen erhielten alle Besucher am 18. Oktober freien Eintritt!

Das LGS-Team:
1. Reihe (v.l.n.r.): Matthias Schmauder, Eugenia Jordan, Karsten Neuhaus, Simona Wallner, Karin Bommersheim
2. Reihe (v.l.n.r.): Manuel Schreiner, Vanessa Simon, Martin Thronberens, Scheima Daghrour, Daniela Machmer, Nicola Hoffelder
3. Reihe (v.l.n.r.): Willi Götten, Angelika Pantleon, Lucie Junge, Katharina Behrendt, Gudrun Gries, Christiane Matten
4. Reihe (v.l.n.r.): Susanne Klawisch, Stefan Heimrich, Carmen Nörpel, Christian Bohr, Christa Schmidt, Tobias Dreher

Blümchenschau sagten die einen,
Stadtentwicklung die anderen,
die letzte Schleifung der Festung die ganz Historischen,
eine Geldverschwendung ganz nüchtern die Geizigen.
Hallo!!???!!!
Es war ein Fest, eine Augenweide,
eine rundum gelungene Veranstaltung!
Landau kann stolz sein!

Herzlich Willkommen zum Benefiz-Frühlingsball 2010

Sparda-Bank